KB268193

금강반야바라밀경
金剛般若波羅蜜經

구마라집大師 漢譯
송강 우리말 옮김

우리말 독송용 금강경을 내며

금강경은 한국 불교에서 가장 존중되는 경이며, 가장 많이 독송되는 경입니다. 예전에는 주로 한문으로 된 금강경을 독송했으나 점차 우리말로 독송하게 되는 것 같습니다.

이미 여러 가지 좋은 번역본이 있지만, 이번에 새로 우리말로 옮기는 것은 다음과 같은 변화를 꾀했기 때문입니다.

구마라집 스님의 한역(漢譯)은 가장 사랑받는 것이긴 하지만, 범본(梵本)이나 다른 다섯 가지의 한역본과 비교했을 때 몇몇 곳이 다릅니다. 그것은 1,600여 년의 세월 동안 계속 옮겨 쓰는 과정에서 비롯된 것이라고 생각되어, 구마라집 스님의 번역 방식에 따라 한역문을 고친 후 우리말로 옮겼습니다.

독송용을 목적으로 하였기에 경전의 본뜻에 어긋나지 않으면 용어의 선택이나 넣고 빼는 것을 좀 자유롭게 하여, 빠르게 독송하면서도 뜻을 빨리 이해할 수 있도록 하였습니다.

뒤편에 한역 경문을 같이 두고 우리말로 소리를 붙여서, 필요하면 한문으로 독송하게 하였습니다.

독송을 하면서 의문이 생길 경우는 스스로 공부를 할 수 있도록 독송문의 뒤에 주석(註釋)을 두어 가능한 많은 설명을 하였습니다. 구마라집 역본(譯本)의 경문과 다른 부분도 주석에서 자세히 설명하였으니 확인하시기 바랍니다.

아무쪼록 도반처럼 스승처럼 함께하여 부처님의 마음과 통할 수 있길 바랍니다.

불기 2554년(2010년) 정초기도를 회향하며
부처님의 꽃밭을 만드는 개화사에서
時雨 松江 合掌

목 차

일러두기

범어일 경우는 알려진 사전식 발음보다는 본래의 발음에
가깝게 표기했습니다.
예) 파라미타(pāramitā) → 빠아라미따아

범어의 장모음은 '—' 표시가 아닌 모음중복형식으로 표기
했습니다.
예) ā를 '아 - ' 가 아닌 '아아' 로 표기

금강반야바라밀경[1]
金剛般若波羅密經

- 우리말 독송본 -

구마라집大師 漢譯
송강 우리말 옮김

가장 높고 깊으며 미묘한 가르침
백천만겁 지나도록 만나기 어려워라
제가 이제 듣고 보아 지니게 되었으니
부처님의 참된 뜻 밝게 깨쳐 알아지다

정구업진언
淨口業眞言

수리수리 마하수리 수수리 사바하(세 번)

오방내외안위제신진언
五方內外安慰諸神眞言

나무 사만다 못다남 옴 도로도로 지미 사바하
(세 번)

개경게
開經偈

무상심심미묘법　無上甚深微妙法
백천만겁난조우　百千萬劫難遭遇
아금문견득수지　我今聞見得受持
원해여래진실의　願解如來眞實義

개법장진언
開法藏眞言

옴 아라남 아라다(세 번)

이와 같이 나는 들었다. 어느 때 세존[2]께서 사위성[4] 밖 제따동산 급고독원[5][6]에서 훌륭한 비구[7] 천이백오십인과 함께 계셨다.[3] 세존께서는 공양[8] 때가 되어 가사를 입으시고 발우를 드시어[9] 사위대성에 들어가서 차례로 밥을 얻으신 후,[10] 본래 계시던 곳에 돌아오시어 공양을 드신 후 가사와 발우를 거두시고, 발을 씻으신 후 결가부좌하시고 정념의 경

지에 드셨다.[11]

그때에 장로 수보리가[12] 대중 가운데 있[13]다가 곧 자리에서 일어나 오른쪽 어깨를 드러내고 오른쪽 무릎을 땅에 꿇고,[14] 합장하여 공경하는 자세로 부처님께 사뢰어 말씀드렸다. "놀라운 일입니다.[15] 세존이시여! 여래께서는 모든 보살들[16]을 잘 살펴 주시옵고, 모든 보살에게 가[17]르침을 잘 전해 주시나이다. 세존이시여! 훌륭한 자질의 남자나 여인이 보살의 삶을 살고자 한다면[19] 어떻게 발심해야 하며 어떻게 수행해야 하고[20] 어떻게 그 마음을 항복받아야 하겠나이까?”

부처님께서 말씀하셨다. “훌륭하고도 훌륭하도다. 수보리여! 그대가 말한 것과 같아서 여래는 모든 보살을 잘 살펴 주고, 모든 보살에게 가르침을 잘 전해 주느니라. 그대는 이제 잘 들어라. 그대들을 위해 설하겠노라. 훌륭한 자질의 남자나 여인이 보살의 삶을 살려는 마음을 내었다면 마땅히 다음과 같이 발심하고 수행하며 마음을 항복받아야 할 것이니라.” “세존이시여! 잘 알겠나이다. 바라옵건대 기꺼이 듣고자 하나이다.”

부처님께서 수보리에게 말씀하셨다. “모든 보살 마하살은 마땅히 다음과 같이 마음을 일으켜야 하느니라. ‘모든 중생의 무리인 알로 생긴 것, 태로 생긴 것[24), 습기로 생긴 것[25), 변화하여 생긴 것[26), [27) 모양이 있는 것, 모양이 없는 것[28), 생각이 있는 것, 생각이 없는 것[29), 생각이 있[30)[31) 는 것도 아니고 없는 것도 아닌 것들을[32) 내가 모두 완벽한 열반에 들게 하여 제도하겠노라'고 발원해야 하느니라. 그러나 이와 같이 한량없고 헤아릴 수 없으며 가없는 중생을 열반에 들게 할지라도 실제로는 한 중생이라도 열반에 들게 했다는 생각이 없어야 하느니라. 왜냐하면 수보리여! 만약 보살에게 나라는 관념, 사람이라는 관념, 중생이라는 관념, 목숨이라는 관념이 있으면 곧 보살이 아니기 때문이니라.”

(제 4. 뛰어난 수행에는 집착이 없다.)

“또한 수보리여! 보살은 대상에 집착함이 없이 베풀어야 하는 것이니라. 모양에 집착하지 않고 베풀며, 소리·향기·맛·감촉·이치에 집착하지 않고 베풀어야 하느니라. 수보리여! 보살은 마땅히 이와 같이 베풀어서 떠오르는 관념[41]에도 집착하지 않아야 하나니, 왜 그러한가? 만약 보살이 떠오르는 관념에 집착하지 않고 베푼다면 그 복덕을 헤아릴 수 없는 것이니라. 수보리여! 그대 생각엔 어떠하냐? 동쪽 허공을 헤아릴 수 있겠느냐?" "못하옵니다. 세존이시여!" "수보리여! 온 우주의 허공[42]을 헤아릴 수 있겠느냐?" "못하옵니다. 세

존이시여!” “수보리여! 보살이 떠오르
는 관념에 집착함이 없이 베푸는 복덕
도 또한 이러해서 헤아릴 수 없느니라.
수보리여! 보살은 마땅히 이와 같이 베
풀어야 하느니라.[13]”

(제 5. 가르침대로 참답게 보라.)

“수보리여! 그대의 생각에는 어떠한
가? 훌륭한 신체적 특징을 다 갖추었다[14]
고 여래라고 볼 수 있겠느냐?” “볼 수
없나이다. 세존이시여! 훌륭한 신체적

특징을 다 갖추었다고 여래라고 볼 수
없나이다. 왜냐하면, 여래께서 훌륭한
신체적 특징을 갖추었다고 하심은 곧
신체적 특징 갖춤이 아닌 것을 말씀하
셨기 때문입니다." 부처님께서 수보리
에게 말씀하셨다.

"무릇 훌륭하고 뛰어난 모습이란[15]
그 모두가 허망한 것일 뿐이니,
모양과 모양 아님 함께 본다면,
곧 여래를 볼 수 있을 것이니라."[16]

수보리가 부처님께 여쭈었다. "세존이시여, 이와 같은 가르침을 듣고 참다운 믿음을 내는 중생이 있겠나이까?"[17] 부처님께서 수보리에게 말씀하셨다. "그런 말 하지 말지니라. 여래가 열반에 든 후 후오백세에 이르러도,[18] 계를 지니고 복을 닦는 사람이 있어서 이 경전의 말씀을 듣고 능히 믿는 마음을 내어[19] 이를 진실이라고 여길 것이니라. 마땅

히 알아야 한다. 이런 사람은 한 부처님
이나 혹은 다섯 부처님 정도만 좋은 인
연을 맺은 것이 아니라, 이미 한량없는
부처님 계신 곳에서 좋은 인연을 맺었
으므로, 이러한 경전 말씀을 듣고는 한
결같은 마음으로 맑은 믿음을 일으키
게 될 것이니라. 수보리여! 여래는 이
모든 중생들이 이러한 한량없는 복덕
을 얻는 것을 부처의 지혜로 모두 알고
부처의 눈으로 모두 보느니라.[50] 왜냐하

면 이 모든 중생은 다시는 나라는 관념, 사람이라는 관념, 중생이라는 관념, 목숨이라는 관념이 없으며, 가르침이라는 관념도 없으며, 가르침이 아니라는 관념도 또한 없기 때문이니라. 왜 그렇겠느냐? 이 모든 중생이 만약 마음에 관념을 가지면 곧 나라는 것, 사람이라는 것, 중생이라는 것, 목숨이라는 것에 집착하게 되느니라. 왜 그러한가?[52] 만약 진리라는 관념을 가져도 곧 나라는 것,

사람이라는 것, 중생이라는 것, 목숨이라는 것에 집착하게 되는 것이고, 만약 진리가 아니라는 관념을 가져도 곧 나라는 것, 사람이라는 것, 중생이라는 것, 목숨이라는 것에 집착하게 되는 것이기 때문이니라. 이런 까닭에 마땅히 진리라는 생각을 가져도 아니 되며 진리가 아니라는 생각을 가져도 아니 되는 것이니라. 이러한 뜻이기에 여래는 항상 '그대들 비구는 나의 설법도 뗏목

의 비유와 같은 것임을 알아야 한다'고
말한 것이니, 진리라는 생각도 오히려
버려야 하거늘 하물며 진리가 아니라
는 생각이야 말해 무엇하겠느냐.”

(제 7. 얻을 수도 설명할 수도 없다.)

“수보리여! 그대는 어떻게 생각하느
냐? 여래가 가장 높고 바르며 원만한
깨달음을 얻었느냐? 여래가 진리에 대
해 설명한 것이 있느냐?” 수보리가 말
씀드렸다. “제가 부처님께서 말씀하신

뜻을 이해하기로는 가장 높고 바르며 원만한 깨달음이라고 표현할 만한 고정된 진리가 없으며, 또한 여래께서 말씀하셨다고 할 고정된 진리도 없나이다. 왜냐하면, 여래께서 말씀하셨다는 진리는 어느 것이나 가질 수도 없으며 설명할 수도 없는 것이며, 그것은 진리도 아니며 진리 아닌 것도 아니기 때문입니다. 왜냐하면, 현인이나 성인들은 모두 깨달음의 경지로 인한 다른 표현이기 때문입니다.”

(제 8. 가르침을 따르면 깨닫는다.)

“수보리여! 그대는 어떻게 생각하느냐? 만일 어떤 사람이 삼천대천세계에[55] 가득한 칠보로 베푼다면, 이 사람이 얻게 되는 복덕이[56] 많지 않겠느냐?” 수보리가 말씀드렸다. “매우 많나이다. 세존이시여! 왜냐하면, 이 복덕이라는 것은 곧 복덕의 성품[57] 아닌 것을 말씀하셨기 때문입니다. 이런 까닭에 여래께서는 복덕이 많다고 말씀하십니다.” 부처님께서 수보리에게 말씀하셨다. “만약 어떤 사람이 이 금강경 가운데에서, 사구게송[60] 등을 받아 지니거나 남을 위해서 설명한다면, 그 복이 삼천대천세계에 가득한 칠보로써 베푼 것보다 나을 것이니라. 왜냐하면, 수보리여! 모든 부처님과 부처님의 가장 높고 바르며 원만한 깨달음의 진리가 모두 이 경으로부터 나온 것이기 때문이니라. 수보리여! 부처님의 진리라고 말한 것은 곧 부처님의 진리 아닌 것을 말함이며, 그 표현이 부처님의 진리인 것이니라.”

(제 9. 깨달음에는 자취가 없다.)

“수보리여! 그대는 어떻게 생각하느냐? 수다원의 경지에 이른 사람이 ‘나는 수다원과를 얻었다’고 스스로 이렇게 생각하겠느냐?” 수보리가 말씀드렸다. “아닙니다. 세존이시여! 왜냐하면, 수다원이라는 명칭이 ‘성자의 경지에 들어간 사람'이라는 뜻이 되지만, 그러나 들어간 곳이 없으며, 형상·소리·향기·맛·감촉·이치에 빠져들지 않으므로 그 명칭을 수다원이라 하기 때문입니다." "수보리여! 그대는 어떻게 생각하느냐? 사다함의 경지에 이른 사람이 '나는 사다함과를 얻었다'고 생각하겠느냐?" 수보리가 말씀드렸다. "아닙니다. 세존이시여! 왜냐하면, 사다함이라는 명칭이 '인간 세계에 한 번만 돌아올 사람’이라는 뜻이지만, 그러나 실제로는 돌아온다는 생각이 없으므로 그 명칭을 사다함이라 하기 때문입니다.” “수보리여! 그대는 어떻게 생각하느냐? 아나함의 경지에 이른 사람이 ‘나는 아나함과를 얻었다’고 생각하겠느냐?” 수보리가 말씀드렸다. “아닙니다. 세존이시여! 왜냐하면, 아나함이라는 명칭이 ‘인간 세계에 다시는 오지 않을 사람’이라는 뜻이 되지만, 그러나 실제로는 다시 오지 않는다는 생각이 없기 때문입니다. 이런 까닭에 아나함이라고 표현합니다." "수보리여! 그대는 어떻게 생각하느냐? 아라한의 경지에 이른 사람이 '나는 아라한의 도를 얻었다'고 생각하겠느냐?" 수보리가 말씀드렸다. "아닙니다, 세존이시여! 왜냐하면, 진실로 존재에 대한 걸림이 남아 있지 않음을 아라한이라고 표현하기 때문입니다. 세존이시여! 만약 아라한이 '나는 아라한의 도를 얻었다'고 생각한다면 곧 나라는 것, 사람이라는 것, 중생이라는 것, 목숨이라는 것에 집착하는 것이 됩니다. 세존이시여! 부처님께서 말씀하시기를 '수보리가 다툼 없는 삼매를 얻은 사람 중에서 가장 으뜸이 되므로, 욕망을 떠난 첫째가는 아라한이다' 라고 하시지만, 세존이시여! 저 스스로는 '나는 욕망을 떠난 아라한이다' 라는 생각을 하지 않습니다. 세존이시여! 제가 만약 '나는 아라한의 도를 얻었다'고 생각한다면 세존께서 '수보리는 평화로운 삶을 즐기는 사람이다'라고 말씀하시지 않으셨겠지만, 그러나 제가 실제로 그렇게 생각하지 않았으므로 '수보리는 평화로운 삶을 즐긴다'고 하셨습니다."

(제 10. 불국토 건설은 건설이 아니다.)

부처님께서 수보리에게 말씀하셨다. "그대의 생각에는 어떠한가? 여래가 옛날 연등불 처소에 있을 때 진리에 대해 얻은 것이 있겠느냐?” “아니옵니다. 세존이시여! 여래께서 연등불 처소에 계실 때, 진리에 대해 얻은 것이 참으로 없나이다.” “수보리여! 그대의 생각에는 어떠한가? 보살이 부처님의 나라를 건설하겠느냐?” “아니옵니다. 세존이시여! 왜냐하면, 부처님의 나라를 건설한다고 함은 곧 건설 아닌 것을 말씀하심이며, 그 표현이 건설한다는 것이기 때문입니다." "이런 까닭에 수보리여! 모든 위대한 보살들은 이와 같이 청정한 마음을 일으켜야 하느니라. 마땅히 모양에 집착하지 않는 마음을 일으켜야 하며, 마땅히 소리·향기·맛·감촉·이치에 집착하지 않는 마음을 일으켜야 하느니라. 요약해 말하자면 마땅히 집착함이 없이 청정한 마음을 일으켜야 하느니라. 수보리여! 비유컨대 어떤 사람의 몸이 수미산과 같다면, 그대의 뜻에는 어떠한가? 이 몸이 크다고 하겠는가?” 수보리가 말씀드렸다. “매우 크옵니다. 세존이시여! 왜냐하면, 부처님께서 큰 몸이라고 하신 것은 곧 큰 몸 아닌 것을 말씀함이오며, 그 표현이 큰 몸이기 때문입니다.”

(제 11. 깨닫는 것이 으뜸가는 복이다.)

“수보리여! 갠지스 강에 있는 모래알 수와 같은 갠지스 강이 있다면, 그대의 생각에는 어떠한가? 이 모든 갠지스 강의 모래알이 많지 않겠느냐?” 수보리가 말씀드렸다. “매우 많나이다. 세존이시여! 갠지스 강 모래알 수만큼의 모든 갠지스 강이라 해도 오히려 많아서 헤아릴 수 없는데, 하물며 그 모든 강의 모래알이겠습니까.” “수보리여! 내가 이제 진심으로 그대에게 이르노니, 만일 훌륭한 자질의 남자나 여인이 저 갠지스 강 모래알 수만큼의 삼천대천세계에 가득한 칠보로써 베푼다면[7] 얻는

복이 많지 않겠느냐?” 수보리가 말씀
드렸다. “매우 많나이다. 세존이시여!”
부처님께서 수보리에게 말씀하셨다.
“만약 훌륭한 자질의 남자나 여인이 이
경 가운데에서 사구게송 등을 받아 지
니고 다른 사람에게 설명해 준다면, 이
복덕은 칠보로 베푼 앞의 복덕보다 훨
씬 뛰어난 것이니라.”

(제 12. 바른 가르침은 존중된다.)

“다시 또 수보리여! 이 경이나 혹은

사구게송 등을 다른 사람에게 설명해 준다면, 마땅히 알아야 하느니라. 이런 사람이 있는 곳은 반드시 모든 세상의 천신·사람·아수라가 모두 부처님의 사리탑과 같이 공양할 것이니, 하물며 어떤 사람이 모두 받아 지니고 독송함 이겠느냐? 수보리여, 마땅히 알아야 하 느니라. 이 사람은 가장 높고 으뜸가는 놀라운 경지를 성취할 것이니라. 만약 이 경전이 있는 곳이라면 곧 부처님이

계신 것과 같으며 또 부처님의 존중받는 제자가 있는 것과 같으니라.”

(제 13. 가르친 그대로 받아들여 수행하라.)

그때에 수보리가 부처님께 여쭈었다. “세존이시여! 이 경의 이름은 무엇이라 해야 하오며, 저희들은 어떻게 받들어 지녀야 하나이까?” 부처님께서 수보리에게 말씀하셨다. “이 경의 이름은 ‘지혜의 완성’이 되나니, 이 이름으로써 그대들은 받들어 지녀야 하느니라. 무슨 까닭이겠느냐? 수보리여! 부처가 설명한 지혜의 완성은 곧 지혜의 완성 아닌 것을 말함이며, 그 표현이 지혜의 완성이기 때문이니라. 수보리여! 그대의 생각에는 어떠한가? 여래가 진리를 설명한 일이 있느냐?" 수보리가 부처님께 말씀드렸다. "세존이시여! 여래께서는 진리를 설명한 일이 없나이다." "수보리여! 그대의 생각에는 어떠한가? 삼천대천세계에 있는 티끌이 많다고 할 수 있겠느냐? 수보리가 말씀드렸다. 매우 많나이다. 세존이시여!” “수보리여! 모든 티끌이라 함은 여래가 티끌 아닌 것을 말한 것이며, 그 표현이 티끌인 것이니라. 여래는 세계도 세계가 아닌 것을 말한 것이며, 그 표현이 세계인 것이니라. 수보리여! 그대의 생각에는 어떠한가? 서른두 가지 훌륭한 모습으로써 여래를 볼 수 있겠느냐?” “아니옵니다. 세존이시여! 서른두 가지 훌륭한 모습으로써 여래를 볼 수 없나이다. 왜냐하면, 여래께서 설명한 서른두 가지 훌륭한 모습이란 곧 이것이 모습 아닌 것을 말씀하심이며, 그 표현이 서른두 가지 훌륭한 모습이기 때문입니다.”

“수보리여! 만일 훌륭한 자질의 남자나 여인이 갠지스 강의 모래알 수만큼의 목숨으로써 베풀고, 또 어떤 사람이 이 경 가운데에서 사구게송만이라도 받아지니고 남을 위해 설명한다면, 이 사람

의 복이 앞의 사람보다 훨씬 더 많을 것
이니라.”

(제 14. 관념을 초월하면 평화롭다.)

그때에 수보리가 이 법문 설하심을 듣
고 부처님의 진실한 뜻을 깊이 알아서,
감격의 눈물을 흘리며 부처님께 말씀
드렸다. “놀라운 일입니다. 세존이시
여! 부처님께서 이처럼 뜻 깊은 법문을
말씀해 주시니, 제가 옛날에 지혜의 눈
을 뜬 후로 일찍이 이와 같은 법문을 듣

지 못하였나이다. 세존이시여! 만약 다시 어떤 사람이 이 법문을 듣고 믿는 마음이 깨끗하여 곧 진실한 지견을 내면, 이 사람은 가장 뛰어나고 놀라운 공덕을 성취할 것이옵니다. 세존이시여! 이 진실한 지견이라는 것은 곧 이것이 지견 아닌 것을 말씀하심이며, 이런 까닭에 여래께서는 진실한 지견이라고 표현하여 말씀하나이다. 세존이시여! 제가 지금 이 법문을 듣고, 믿고 알며 받아들여 지니는 것은 어렵지 않지만, 만약 오는 세상 후오백세에 어떤 중생이 이 법문을 듣고는 믿고 알며 받아 지닌다면, 이 사람은 곧 가장 놀라운 사람이 될 것이옵니다. 왜냐하면, 이 사람에게는 나라는 관념, 사람이라는 관념, 중생이라는 관념, 생명이라는 관념이 없을 것이기 때문입니다. 무슨 까닭이겠습니까? 나라는 관념이 곧 관념이 아니며, 사람이라는 관념, 중생이라는 관념,

목숨이라는 관념이 곧 관념이 아닙니다. 왜냐하면, 모든 부처님이란 일체의 관념으로부터 벗어난 분들을 표현한 것이기 때문입니다."[81] 부처님께서 수보리에게 말씀하셨다. "옳고 옳다. 만약 다시 어떤 사람이 이 경을 듣고는 놀라지 않고 겁내지 않으며 두려워하지 않는다면, 당연히 이 사람은 '매우 놀라운 사람이다'라고 알아야 한다. 왜냐하면 수보리여! 여래가 말한 최고의 완성[82]

이 곧 최고의 완성 아닌 것을 말함이며, 그 표현이 최고의 완성이기 때문이니라. 수보리여! 인욕의 완성도 여래가 인욕의 완성이 아니라고 설명했느니라. 왜냐하면, 수보리여, 그것은 내가 옛날에 가리왕에게 몸이 베이고 잘리게 되었던 것과 같기 때문이니라. 그때 나에게는 나라는 관념이 없었고, 사람이라는 관념이 없었으며, 중생이라는 관념이 없었고, 목숨이라는 관념이 없었느니라. 왜냐하면, 내가 옛날 마디마디 사지가 잘릴 때에 만약 나라는 관념, 사람이라는 관념, 중생이라는 관념, 목숨이라는 관념이 있었다면 당연히 성내며 원망하는 생각을 내었을 것이기 때문이니라. 수보리여! 다시 생각하니 과거 오백세 동안에 인욕의 스승이었는데, 그 세상에서도 나라는 관념이 없었고, 사람이라는 관념이 없었으며, 중생이라는 관념이 없었고, 목숨이라는 관념이 없었느니라. 이런 까닭에, 수보리여! 보살은 마땅히 모든 관념에 얽매이지 말고 가장 높고 바르며 원만한 깨달음의 마음을 내어야 하나니, 마땅히 모양에 집착하지 않고 마음을 내어야 하며, 마땅히 소리·향기·맛·감촉·이치에 집착하지 않고 마음을 내어야 하느니라. 다시 말해 마땅히 집착 없는 마음을 내어야 하는 것이니, 만약 마음에 집착이 있으면 곧 바른 경지가 아니니라. 이런 까닭에 여래가 '보살은 모양에 집착하지 않는 마음으로 베풀어야 한다.'고 설명했느니라. 수보리여! 보살은 모든 중생을 이익 되게 하기 위해 마땅히 이렇게 베풀어야 하느니라. 여래가 설명한 일체 모든 관념이 곧 관념이 아니며, 또 여래가 설명한 모든 중생도 곧 중생이 아니니라. 수보리여! 여래는 참된 말을 하는 이이고, 실다운 말을 하는 이이며, 한결같은 말을 하는 이이고, 속이지 않는 말을 하는 이이며, 다르지 않는 말을 하는 이이니라. 수보리여! 여래가 깨닫고 설한 법에는 실다움도 없고 허망함도 없느니라. 수보리여! 만약 보살이 마음을 사물에 집착하여 베푼다면 마치 사람이 어두운 곳에서 아무것도 보지 못하는 것과 같으며, 만약 보살이 마음을 사물에 집착하지 않고 베푼다면 눈 밝은 사람이 밝게 비치는 햇빛 아래에서 갖가지 사물을 보는 것과 같으니라. 수보리여! 오는 세상에 만약 훌륭한 자질의 남자나 여인이 능히 이 경을 받아 지니어 읽고 외우면, 곧 여래가 부처의 지혜로써 이 사람을 다 알고 이 사람을 다 보나니, 모두가 한량없고 가없는 공덕을 성취할 것이니라."

(제 15. 경을 지니는 공덕.)

"수보리여! 만약 훌륭한 자질의 남자나 여인이 아침나절에 갠지스 강 모래알 수만큼의 목숨으로 베풀고, 점심나절에 다시 갠지스 강 모래알 수만큼의 목숨으로 베풀며, 저녁나절에 또 갠지스 강 모래알 수만큼의 목숨으로 베풀어, 이렇게 한량없는 백천만억 겁을 목숨으로써 베풀더라도, 어떤 사람이 이 경전을 듣고 믿는 마음으로 비방하지만 않더라도 그 복이 목숨으로 베푼 앞의 것보다 뛰어난 것인데, 하물며 베끼고 받아 지니며 읽고 외우며 다른 사람에게 설명해 주는 것이겠느냐. 수보리여! 요약해서 말하자면 이 경에는 생각할 수도 없고 헤아릴 수도 없는 가없는 공덕이 있나니, 여래가 보살의 삶을 결심한 사람을 위해 이 경을 가르치며, 성불에 뜻을 세운 사람을 위해 이 경을 가르치는 것이니라. 만약 어떤 사람이 능히 이 경을 받아 지니고 읽고 외우며 널리 다른 사람을 위해 설명해 주면, 여래가 이 사람을 다 알고 이 사람을 다 보리니,

모두가 한량없고 일컬을 수 없으며 가없고 생각할 수 없는 공덕을 성취하리라. 이러한 사람들은 곧 여래의 깨달음[85]을 감당할 것이니라. 왜냐하면, 수보리여! 만약 믿고 받아들이는 능력이 부족한 중생은 나라는 견해[86], 인간이라는 견해, 중생이라는 견해, 목숨이라는 견해에 집착하므로, 곧 이 경을 듣고 받아들이거나 읽고 외우거나 다른 사람을 위해 설명하지도 못하기 때문이니라. 수보리여! 어떤 곳이라도 이 경이 있다면, 모든 세상의 천신·사람·아수라가 당연히 공양할 것이니라. 마땅히 알아야 한다. 이 경이 있는 곳은 곧 부처님의 사리탑과 같아서, 모두가 당연히 공경하여 예배하고 주위를 돌며 온갖 꽃과 향을 그 곳에 뿌릴 것이니라."

(제 16. 업으로 인한 장애를 맑히는 법.)

"다시 또, 수보리여! 훌륭한 자질의 남자나 여인이 이 경을 받아 지니고 읽고 외우는데도 혹시 다른 사람으로부터 무시당하고 천대를 받는다면, 이 사람은 지난 세상에 지은 죄업[87]으로 악도에 떨어져야 마땅하지만, 금생에 남으로부터 무시되고 천대받음으로써 전생의 죄업이 곧 소멸되고 반드시 여래의 깨달음[88]을 얻으리라. 수보리여! 내가 과거 한량없는 아승기겁[89]을 회상하니, 연등불[90]을 만나기 전 팔백사천만억 나유타[91] 부처님을 만나서 모두 공양하고 받

들어 섬기어 그냥 지나친 분이 없었느
니라. 그렇지만 만약 어떤 사람이 오는
말법 세상에 이 경을 받아 지니고 읽고
외우면, 그 얻은 공덕은 내가 모든 부처
님께 공양한 공덕으로는 백분의 일에
도 미치지 못하며, 천만억분의 일이나
나아가 숫자로 헤아리는 비유로도 능
히 미치지 못하느니라. 수보리여! 만약
자질이 뛰어난 남자나 여인이 다음 말
법 세상에서 이 경을 받아 지니고 읽고

외운다면, 그 얻게 될 공덕을 자세하게 설명하면, 그것을 듣는 사람은 마음이 미친 듯 어지러워 의심하고 믿지 않으리라. 수보리여! 마땅히 알아야 하느니라. 이 경은 뜻도 생각할 수 없고 과보 또한 생각할 수 없느니라."

(제 17. 끝끝내 '나'라고 할 것이 없다.)

그때 수보리가 부처님께 사뢰어 말씀드렸다. "세존이시여! 훌륭한 자질의 남자나 여인이 보살의 삶을 살려는 마음을 내었다면 마땅히 어떻게 발심을 유지하고 수행해야[94] 하며 그 마음을 항복받아야 하겠나이까?” 부처님께서 수보리에게 이르셨다. “만약 훌륭한 자질의 남자나 여인으로서 보살의 삶을[95] 살려는 마음을 낸 사람이라면 당연히 ‘나는 마땅히 모든 중생을 열반에 들게 할 것이다.’ 하는 이러한 마음을 가져야 하느니라. 그러나 모든 중생을 열반에 들게 한 뒤에는 한 중생도 참으로 열반에 들게 했다는 생각이 없어야 하느니라. 왜냐하면, 수보리여! 만약 보살에게 나라는 관념, 사람이라는 관념, 중생이라는 관념, 목숨이라는 관념이 있다면 곧 보살이 아니기 때문이니라. 무슨 까닭이겠느냐? 수보리여! 실제로는 보살의 삶이라고 할 고정된 법이 없느니라. "수보리여! 그대의 생각에는 어떠한가? 여래가 연등불 처소에서 가장 높고 바르며 원만한 깨달음을 얻은 법이 있겠느냐?” “아니옵니다. 세존이시여! 제가 부처님께서 말씀하신 뜻을 이해하기로는, 부처님께서는 연등불 처소에서 가장 높고 바르며 원만한 깨달음을 얻은 법이 없나이다.” 부처님께서 말씀하셨다. “옳고 옳도다. 수보리여! 참으로 여래가 가장 높고 바르며 원만한 깨달음을 얻은 법이 없느니라.” 수보리여! 만약 여래가 깨달아 얻은 법이 있다면, 연등불께서 나에게 ‘그대는 내세에 당연히 부처가 되어 석가모니라고 이름 할 것이다.' 하는 수기를 주지 않았을 것이니라. 그러나 진실로 가장 높고 바르며 원만한 깨달음을 얻은 법이 없으므로, 이런 까닭에 연등불께서 나에게 수기를 주시어 '그대는 내세에 마땅히 부처가 되어 석가모니라고 이름 할 것이다'고 말씀하신 것이니라. 왜냐하면, 여래라는 것은 모든 존재의 참된 모습이라는 뜻이기 때문이니라.

혹 어떤 사람이 '여래가 가장 높고 바르며 원만한 깨달음을 얻었다.'고 말한다면 곧 부처를 비방하는 것이 되나니, 내가 말한 참된 뜻을 모르기 때문이니라. 수보리여! 실제로는 부처가 가장 높고 바르며 원만한 깨달음을 얻은 법이 없느니라. 수보리여! 여래가 얻었다는 가장 높고 바르며 원만한 깨달음은 그 가운데에 참됨도 없고 허망함도 없느니라. 이런 까닭에 여래는 '모든 법이 곧 부처의 법이다'고 말하는 것이니라. 수보리여! '모든 법'이란 곧 '모든 법' 아닌 것을 말함이며, 그러므로 '모든 법'이라고 표현하는 것이니라. 수보리여! 비유하면 어떤 사람의 몸이 매우 크다고 하는 것과 같으니라." 수보리가 말씀드렸다. "세존이시여! 여래께서 사람의 몸이 매우 크다고 하신 것은 곧 큰 몸이 아닌 것을 말씀하심이며, 그 표현이 큰 몸이라 하신 것입니다." "수보리여! 보살도 또한 이와 같아서, 만약에 '내가 마땅히 모든 중생을 열반에 들게 했다'고 말한다면 곧 보살이라고 표현할 수 없느니라. 왜냐하면, 수보리여! 진실로 보살이라고 표현할 고정적인 법이 없느니라. 이런 까닭에 여래가 이르기를 '모든 법에는 내가 없고, 사람이 없으며, 중생이 없고, 목숨이 없다'고 하느니라. 수보리여, 만약 보살이 '내가 마땅히 불국토를 건설하리라'고 말한다면 이는 보살이라 표현할 수 없나니, 왜냐하면, 여래가 설명한 불국정토 건설은 곧 건설 아닌 것을 말함이며, 그 표현이 건설이기 때문이니라. 수보리여! 만약 보살로서 모든 법에 실체가 없음을 확실히 깨닫는 사람이라면, 여래가 '참으로 이 사람은 보살이다' 라고 표현해 말할 것이니라."

"수보리여! 그대의 생각에는 어떠한

가? 여래에게 육체의 눈이 있겠느냐?
그러하옵니다. 세존이시여! 여래께는
육체의 눈이 있습니다." "수보리여! 그
대의 생각에는 어떠한가? 여래에게 하
늘의 눈이 있겠느냐?" "그러하옵니다.
세존이시여! 여래께는 하늘의 눈이 있
습니다." "수보리여! 그대의 생각에는
어떠한가? 여래에게 지혜의 눈이 있겠
느냐?" "그러하옵니다. 세존이시여! 여
래께는 지혜의 눈이 있습니다." "수보

리여! 그대의 생각에는 어떠한가? 여
래에게 진리의 눈이 있겠느냐?” “그러
하옵니다. 세존이시여! 여래께는 진리
의 눈이 있습니다.” “수보리여! 그대의
생각에는 어떠한가? 여래에게 부처의
눈이 있겠느냐?” “그러하옵니다. 세존
이시여! 여래께는 부처님의 눈이 있습
니다.” “수보리여! 그대의 생각에는 어
떠한가? 저 갠지스 강에 있는 모래알,
그 모래알에 대해 내가 얘기했었느

냐?” “그러하옵니다. 세존이시여! 여래께서 그 모래알에 대해 말씀하셨습니다.” “수보리여! 그대의 생각에는 어떠한가? 저 한 갠지스 강에 있는 모래알, 그러한 모래알 수와 같은 갠지스 강이 있고, 이 모든 갠지스 강에 있는 모래알 수의 부처님 나라가 있다면 이것을 많다고 하겠느냐?” “매우 많나이다. 세존이시여!” 부처님께서 수보리에게 말씀하셨다. “그렇게 많은 나라에 있는 중

생의 갖가지 마음을 여래가 다 아느니
라. 왜냐하면 여래가 말한 모든 마음이
란 모두가 마음 아닌 것을 말함이며, 그
표현을 마음이라고 하기 때문이니라.
무슨 까닭이겠느냐? 수보리여! 과거의
마음도 찾을 수 없고, 현재의 마음도 찾
을 수 없으며, 미래의 마음도 찾을 수
없느니라.”

(제 19. 법계를 모두 교화하는 법.)

“수보리여! 그대의 생각에는 어떠한

가? 만약 어떤 사람이 삼천대천세계에 가득한 칠보로써 베푼다면, 그 인연으로 얻는 복이 많지 않겠느냐?” “그러하옵니다. 세존이시여! 이 사람이 그 인연으로 얻는 복이 매우 많나이다.” “수보리여! 만약 복덕이 참으로 있다면 여래가 얻는 복덕이 많다고 말하지 않겠지만, 복덕이 없는 까닭에 여래가 얻는 복덕이 많다고 하는 것이니라.”

"수보리여! 그대의 생각에는 어떠한가? 원만한 몸을 갖추었다고 부처라고 볼 수 있겠느냐?" "아니옵니다. 세존이시여! 원만한 몸을 갖추었다고 여래라고 볼 수는 없나이다. 왜냐하면, 여래께서 '원만한 몸을 갖추었다' 고 말씀하신 것은 곧 원만한 몸 갖춤이 아닌 것을 말씀하심이며, 그 표현이 원만한 몸을 갖추었다는 것이기 때문입니다." "수보리여! 그대의 생각에는 어떠한가? 모든 상호를 갖추었다고[108] 여래라고 볼 수 있겠느냐?” “아닙니다. 세존이시여! 모든 상호를 갖추었다고 여래라고 볼 수는 없습니다. 왜냐하면 여래께서 ‘모든 상호를 갖추었다’고 말씀하신 것은 곧 갖춤 아닌 것을 말씀하심이며, 그 표현이 모든 상호를 갖추었다는 것이기 때문입니다.”

"수보리여! 그대는 여래가 '내가 설명한 진리가 있다'는 이런 생각을 한다고 말하지 말지니라. 그러한 생각을 하지 말지니, 왜 그러한가? 어떤 사람이 '여래께서 설명하신 진리가 있다'고 한다면 이는 곧 여래를 비방하는 것이 되나니, 내가 말한 참된 뜻을 모르기 때문이니라. 수보리여! 진리를 설명한다지만 설명할 수 있는 진리가 없으며, 그 표현이 진리를 설명한다는 것이니라.”
혜명[109] 수보리가 부처님께 사뢰어 말씀
드렸다. “세존이시여! 먼 훗날에 이 가
르침을 듣고 믿음을 내는 중생이 있겠
습니까?” 부처님께서 말씀하셨다. “수
보리여! 그들은 중생이 아니며 중생 아
닌 것도 아니니라. 왜냐하면, 수보리
여! 중생 중생이라 하는 것은 여래가
중생 아닌 것을 말함이며, 그 표현이 중
생이기 때문이니라.”

“수보리여! 그대의 생각에는 어떠한가? 여래가 가장 높고 바르며 원만한 깨달음을 얻었느냐?” 수보리가 말씀드렸다. “아닙니다. 세존이시여! 여래께서 가장 높고 바르며 원만한 깨달음을 얻은 어떠한 법도 없습니다.” 부처님께서 말씀하셨다. “옳고 옳도다. 수보리여! 내가 가장 높고 바르며 원만한 깨달음에서 어떠한 법도 얻을 수 없으니,

그 표현이 가장 높고 바르며 원만한 깨
달음이니라."

(제 23. 맑은 마음으로 좋은 법을 실천하라.)

"다시 수보리여! 이 진리는 평등하여
높고 낮음이 없기에 가장 높고 바르며
원만한 깨달음이라고 표현하는 것이니
라. 나라는 관념도 없고, 인간이라는 관
념도 없으며, 중생이라는 관념도 없고,
목숨이라는 관념도 없이 온갖 좋은 법
을 실천하면, 곧 가장 높고 바르며 원만

한 깨달음을 얻게 되는 것이니라. 수보리여! '좋은 법'이라 말한 것은, 여래가 '좋은 법' 아닌 것을 설명함이며, 그 표현이 '좋은 법'인 것이니라."

(제 24. 복과 지혜는 견줄 수 없는 것.)

"수보리여! 만약 삼천대천세계 가운데에 있는 모든 수미산과 같은 칠보무더기를 어떤 사람이 베푼다고 하자. 또 어떤 사람이 이 반야바라밀경에서 사구게송 등을 받아 지니고 읽고 외우며 다른 사람을 위해 설명해 준다면, 칠보로 베푸는 복덕은 경을 받아 지니고 읽고 외우며 다른 사람을 위해 설명하는 것의 백분의 일에도 미치지 못하고, 백천만 억분의 일에도 미치지 못하며, 어떤 숫자로 헤아리는 비유로도 미치지 못할 것이니라."

(제 25. 교화하되 교화된 중생이 없다.)

"수보리여! 그대의 생각에는 어떠한가? 그대들은 여래가 '내가 마땅히 중생을 제도했다'는 생각을 낸다고 말하지 말지니라. 수보리여! 그렇게 생각해서는 안 되느니라. 왜냐하면, 참으로 여래가 제도한 중생이 하나도 없기 때문이니라. 만일 여래가 제도한 중생이 있다고 한다면 이는 여래에게 곧 나에 대한 집착, 사람에 대한 집착, 중생에 대한 집착, 목숨에 대한 집착이 있게 되는 것이니라. 수보리여! 여래가 '나에 대한 집착'이라고 한 것은 곧 '나에 대한

집착’이 아닌 것을 말함이니라. 그럼에
도 어리석은 사람들은 집착하는 것이
니라. 수보리여! 범부라는 것도, 여래
가 곧 범부 아닌 것을 말함이며, 그 표
현이 범부인 것이니라.”

(제 26. 여래의 참모습은 상호가 아니다.[114])

“수보리여! 그대의 생각에는 어떠한
가? 서른두 가지 훌륭한 모습을 갖추었
다고 여래라고 볼 수 있겠느냐?” 수보
리가 말씀드렸다. “세존이시여! 제가

부처님께서 설하신 뜻을 이해하기로는, 서른두 가지 훌륭한 모습을 갖추었다고 여래라고 볼 수는 없습니다.” 부처님께서 말씀하셨다. “옳고 옳도다. 수보리여! 그대가 말한 것과 같아서 서른두 가지 훌륭한 모습을 갖추었다고 여래라고 볼 수는 없느니라. 수보리여! 만약 서른두 가지 훌륭한 모습을 갖추었다고 여래라고 본다면, 전륜성왕도 곧 여래일 것이니라.” 그때에 세존께서 게송으로 말씀하셨다.

　"만약 모양으로 나를 보려거나

또는 음성으로써 나를 찾으면

이 사람은 그릇된 길 가는지라

능히 여래를 보지 못하리로다.[117]"

　"수보리여! 그대가 만약 '여래는 훌륭한 모습을 갖춤으로[118] 해서 가장 높고 바르며 원만한 깨달음을 얻은 것이다'고 생각한다면, 수보리여, 그런 생각을 하지 말지니라. 여래는 훌륭한 모습을 갖춤으로 해서 가장 높고 바르며 원만한 깨달음을 얻은 것이 아니니라. 수보리여! 그대가 만약 '보살의 삶에 마음을 낸 사람은 모든 존재의 끊어짐과 없어짐을 말한다'고 생각한다면, 그런 생각을 하지 말지니라. 왜냐하면, 보살의 삶에 마음을 낸 사람은 존재에 대해 끊어짐과 없어짐의 관념을 말하지 않기 때문이니라."

"수보리여! 만약 어떤 보살이 갠지스 강의 모래알 수와 같은 세계에 칠보를 가득 채워 베풀고, 또 다른 보살이 모든 존재가 무아임을 알아 생사가 없는 깨달음을 이루면, 뒤의 보살이 얻는 공덕이 앞의 보살이 얻는 공덕보다 뛰어나니라. 왜냐하면, 수보리여! 모든 보살들은 복덕을 받지 않기 때문이니라."

수보리가 부처님께 사뢰어 여쭈었다.

"세존이시여! 어찌하여 보살이 복덕을
받지 않습니까?" "수보리여! 보살은 지
은 복덕을 탐내거나 집착하지 않으므
로, 이런 까닭에 복덕을 받지 않는다고
하느니라."

(제 29. 부처님의 모습은 고요하고 평화롭다.)

"수보리여! 만약 어떤 사람이 '여래
는 오기도 하고 가기도 하며 앉기도 하
고 눕기도 한다'고 말한다면, 이 사람
은 내가 말한 뜻을 알지 못한 것이니라.

왜냐하면, 여래라고 하는 것은 어디로부터 오는 것도 없고 또한 가는 것도 없기 때문이니라. 이런 까닭에 여래라고 표현하느니라."

(제 30. 실체는 관념들의 집합이 아니다.)

"수보리여! 만약 훌륭한 자질의 남자나 여인이 삼천대천세계를 부수어 먼지로 만든다면, 그대의 뜻에는 어떠한가? 이 먼지들이 많지 않겠느냐?" 수보리가 말씀드렸다. "매우 많습니다. 세존이시여! 왜냐하면, 만약 이 먼지들이 참으로 있는 것이라면 부처님께서 이것을 먼지들이라고 말씀하시지 않으셨을 것이기 때문입니다. 그 까닭이 무엇이냐 하면, 부처님께서 말씀하신 먼지들은 곧 먼지 아닌 것을 말씀하심이며, 그 표현이 먼지들입니다. 세존이시여! 여래께서 말씀하신 삼천대천세계는 세계가 아닌 것을 말씀하심이며, 그 표현이 세계라는 것입니다. 왜냐하면, 만약

세계라는 것이 참으로 있는 것이라면 곧 이것이 한 덩어리로 합한 모양일 것이기 때문입니다. 여래께서 말씀하신 한 덩어리 모습이란 곧 모양 아닌 것을 말씀하심이며, 그 표현이 한 덩어리로 합한 모양입니다." "수보리여! 한 덩어리로 합한 모양이라는 것은 곧 이것이 말로 표현할 수 없는 것인데, 다만 어리석은 사람들이 그것을 탐내고 집착하느니라."

"수보리여! 어떤 사람이 '부처님께서 나라는 견해, 사람이라는 견해, 중생이라는 견해, 목숨이라는 견해를 말씀하셨다'고 한다면, 수보리여! 그대의 뜻에는 어떠한가? 이 사람이 내가 말한 뜻을 바르게 이해한 것이겠느냐?" "아니옵니다. 세존이시여! 이 사람은 여래께서 말씀하신 뜻을 이해하지 못하였습니다. 왜냐하면, 세존께서 말씀하신 나라는 견해, 인간이라는 견해, 중생이라는 견해, 목숨이라는 견해는 곧 나라는 견해, 인간이라는 견해, 중생이라는 견해, 목숨이라는 견해가 아닌 것을 말씀하심이며, 그 표현이 나라는 견해, 인간이라는 견해, 중생이라는 견해, 목숨이라는 견해이기 때문입니다." "수보리여! 보살의 삶에 마음을 낸 사람은 모든 가르침을 대함에, 바르게 알고 바르게 보며 바르게 믿고 이해하여 '가르침

이라는 관념'을 일으키지 않아야 하느
니라. 수보리여, '가르침이라는 관념'
이라고 말한 것은 여래가 '가르침이라
는 관념'이 아닌 것을 말함이며, 그 표
현이 '가르침이라는 관념'이니라."

(제 32. 조건 따라 보인 것은 참된 것이 아니다.)

"수보리여! 만약 어떤 사람이 한량없
는 아승기 세계에 가득한 칠보로써 베
푼다고 하고, 또 어떤 훌륭한 자질의 남
자나 여인으로서 보살의 마음을 낸 사

람이 금강경에서 사구게송 등을 받아 지니어 읽고 외우며 다른 사람에게 가르쳐 준다면, 이 사람의 복이 앞의 사람보다 더 뛰어나니라. 다른 사람에게 어떻게 가르쳐 주어야 하겠느냐? 관념에 집착하지 아니하면 한결같이 할 수 있으리라. 왜 그러한가?

인연의 화합으로 이루어진 모든 것은 꿈과 환상, 물거품과 그림자 같으며 이슬과도 같고 번갯불과 같은 것이니모름지기 이와 같이 살펴야만 하리라.”

부처님께서 이 경을 설해 마치시니, 장로 수보리와 일체의 비구·비구니·우바새·우바이,[129] 모든 세상의 천신·사람·아수라가[130] 부처님 말씀을 듣고 크게 환희하여 믿고 받아 받들어 행하였다.

원이차공덕　보급어일체　아등여중생
願以此功德　普及於一切　我等與衆生

당생극락국　동견무량수　개공성불도
當生極樂國　同見無量壽　皆共成佛道

원합노니 이 경전 독송한 공덕이
온 세상 모든 생명 두루 미치어
저희들과 더불어 모든 존재들
마땅히 빛나는 극락세계 태어나
아미타부처님 다 함께 뵈옵고는
모든 중생 남김 없이 깨쳐지이다.

금강반야바라밀경
金剛般若波羅密經

— 한문 독송본 —

구마라집大師 漢譯
송강 우리말 옮김

여시아문 일시 불[131] 재사위국기수급
如是我聞 一時 佛 在舍衛國祇樹給

고독원 여대비구중 천이백오십인구
孤獨園 與大比丘衆 千二百五十人俱

이시 세존 식시 착의지발 입사위대
爾時 世尊 食時 着衣持鉢 入舍衛大

성 걸식 어기성중 차제걸이 환지본
城 乞食 於其城中 次第乞已 還至本

처 반사흘 수의발 세족이 부좌이좌
處 飯食訖 收衣鉢 洗足已 敷座而坐

시 장로수보리 재대중중 즉종좌기
時　長老須菩提　在大衆中　卽從座起

편단우견 우슬착지 합장공경 이백
偏袒右肩　右膝着地　合掌恭敬　而白

불언 희유세존 여래 선호념제보살
佛言　希有世尊　如來　善護念諸菩薩

선부촉제보살 세존 선남자선여인
善付囑諸菩薩　世尊　善男子善女人

발아누다라삼먁삼보리심 응운하주
發阿耨多羅三藐三菩提心　應云何住

운하수행 운하항복기심 불언 선재[134]
云何修行 云何降伏其心 佛言 善哉

선재 수보리 여여소설 여래 선호념
善哉 須菩提 如汝所說 如來 善護念

제보살 선부촉제보살 여금제청 당[135]
諸菩薩 善付囑諸菩薩 汝今諦聽 當

위여설 선남자선여인 발아누다라삼
爲汝說 善男子善女人 發阿耨多羅三

막삼보리심 응여시주 여시수행 여[136]
藐三菩提心 應如是住 如是修行 如

시항복기심 유연세존 원요욕문[137]
是降伏其心 唯然世尊 願樂欲聞

불고수보리 제보살마하살[138] 응여시항

佛告須菩提　諸菩薩摩訶薩　應如是降

복기심[139] 소유일체중생지류　약난생

伏其心　所有一切衆生之類　若卵生

약태생　약습생　약화생　약유색　약무

若胎生　若濕生　若化生　若有色　若無

색　약유상　약무상　약비유상비무상

色　若有想　若無想　若非有想非無想

아개영입　무여열반　이멸도지　여시

我皆令入　無餘涅槃　而滅度之　如是

멸도 무량무수무변중생 실무중생득
滅度　無量無數無邊衆生　實無衆生得

멸도자 하이고 수보리 약보살 유아
滅度者　何以故　須菩提　若菩薩　有我

상인상중생상수자상 즉비보살
相人相衆生相壽者相　卽非菩薩

（妙行無住分 第四）

부차수보리 보살어법[140] 응무소주 행
復次須菩提　菩薩於法　應無所住　行

어보시[141] 소위 부주색보시 부주성향
於布施　所謂　不住色布施　不住聲香

미촉법보시 수보리 보살응여시보시
味觸法布施 須菩提 菩薩應如是布施

부주어상 하이고 약보살부주상보시
不住於相 何以故 若菩薩不住相布施

기복덕불가사량 수보리 어의운하
其福德不可思量 須菩提 於意云何

동방허공 가사량부 불야세존 수보
東方虛空 可思量不 不也世尊 須菩

리 남서북방사유상하허공 가사량부
提 南西北方四維上下虛空 可思量不

불야세존 수보리 보살무주상보시복
不也世尊 須菩提 菩薩無住相布施福

덕 역부여시 불가사량 수보리 보살
德　亦復如是　不可思量　須菩提　菩薩

단응여소교주[14]
但應如所敎住

（如理實見分 第五）

수보리 어의운하 가이신상견여래부[15]
須菩提　於意云何　可以身相見如來不

불야세존 불가이신상득견여래 하이고
不也世尊　不可以身相得見如來　何以故

여래소설신상 즉비신상 불고수보리
如來所說身相　卽非身相　佛告須菩提

108

범소유상 개시허망
凡所有相 皆是虛妄

약견제상비상 즉견여래[146]
若見諸相非相 則見如來

수보리백불언 세존 파유중생 득문
須菩提白佛言 世尊 頗有衆生 得聞

여시언설장구 생실신부 불고수보리[147]
如是言說章句 生實信不 佛告須菩提

막작시설 여래멸후 후오백세 유지[148]
莫作是說 如來滅後 後五百歲 有持

계수복자 어차장구 능생신심 이차
戒修福者 於此章句 能生信心 以此

위실 당지시인 불어일불이불삼사오
爲實 當知是人 不於一佛二佛三四五

불 이종선근 이어무량천만불소 종
佛 而種善根 已於無量千萬佛所 種

제선근 문시장구 내지일념 생정신
諸善根 聞是章句 乃至一念 生淨信

자 수보리 여래실지실견 시제중생
者 須菩提 如來悉知悉見 是諸衆生

득여시무량복덕 하이고 시제중생
得如是無量福德 何以故 是諸衆生

무부아상인상중생상수자상 무법상
無復我相人相衆生相壽者相 無法相

역무비법상 하이고 시제중생 약심
亦無非法相 何以故 是諸衆生 若心

취상 즉위착아인중생수자 하이고
取相 則爲着我人衆生壽者 何以故

약취법상 즉착아인중생수자 약취비
若取法相 卽着我人衆生壽者 若取非

법상 즉착아인중생수자 시고 불응
法相 卽着我人衆生壽者 是故 不應

취법 불응취비법 이시의고 여래상
取法 不應取非法 以是義故 如來常

설 여등비구 지아설법 여벌유자 법
說 汝等比丘 知我說法 如筏喩者 法

상응사 하황비법
尙應捨 何況非法

（無得無說分 第七）

수보리 어의운하 여래득아누다라삼
須菩提 於意云何 如來得阿耨多羅三

먁삼보리야 여래유소설법야 수보리
藐三菩提耶 如來有所說法耶 須菩提

언 여아해불소설의 무유정법명아누
言 如我解佛所說義 無有定法名阿耨

다라삼먁삼보리 역무유정법여래가
多羅三藐三菩提　亦無有定法如來可

설 하이고 여래소설법 개불가취 불
說　何以故　如來所說法　皆不可取　不

가설 비법 비비법 소이자하 일체현
可說　非法　非非法　所以者何　一切賢

성 개이무위법 이유차별[152]
聖　皆以無爲法　而有差別

수보리 어의운하 약인 만삼천대천
須菩提　於意云何　若人　滿三千大千

세계칠보 이용보시 시인 소득복덕
世界七寶 以用布施 是人 所得福德

영위다부 수보리언 심다세존 하이
寧爲多不 須菩提言 甚多世尊 何以

고 시복덕 즉비복덕성 시고 여래설
故 是福德 卽非福德性 是故 如來說

복덕다 불고수보리 약부유인 어차
福德多 佛告須菩提 若復有人 於此

경중 수지내지사구게등 위타인설
經中 受持乃至四句偈等 爲他人說

기복승피 하이고 수보리 일체제불
其福勝彼 何以故 須菩提 一切諸佛

급제불아누다라삼먁삼보리법 개종
及 諸 佛 阿 耨 多 羅 三 藐 三 菩 提 法　皆 從

차경출　수보리　소위불법자　즉비불
此 經 出　須 菩 提　所 謂 佛 法 者　卽 非 佛

법 시명불법
法　是　名　佛 法

（一相無相分 第九）

수보리　어의운하　수다원　능작시념
須 菩 提　於 意 云 何　須 陁 洹　能 作 是 念

아득수다원과부　수보리언　불야세존
我 得 阿 陁 洹 果 不　須 菩 提 言　不 也 世 尊

하이고 수다원 명위입류 이무소입
何以故 須陁洹 名爲入流 而無所入

불입색성향미촉법 시명수다원 수보
不入色聲香味觸法 是名須陁洹 須菩

리 어의운하 사다함 능작시념 아득
提 於意云何 斯陁含 能作是念 我得

사다함과부 수보리언 불야세존 하
斯陁含果不 須菩提言 不也世尊 何

이고 사다함 명일왕래 이실무왕래
以故 斯陁含 名一往來 而實無往來

시명사다함 수보리 어의운하 아나
是名斯陁含 須菩提 於意云何 阿那

함 능작시념 아득아나함과부 수보
含 能作是念 我得阿那含果不 須菩

리언 불야세존 하이고 아나함 명위
提言 不也世尊 何以故 阿那含 名爲

불래 이실무불래[158] 시고 명아나함 수
不來 而實無不來 是故 名阿那含 須

보리 어의운하 아라한 능작시념 아
菩提 於意云何 阿羅漢 能作是念 我

득아라한도부 수보리언 불야세존
得阿羅漢道不 須菩提言 不也世尊

하이고 실무유법명아라한 세존 약
何以故 實無有法名阿羅漢 世尊 若

아라한 작시념 아득아라한도 즉위
阿羅漢 作是念 我得阿羅漢道 卽爲

착아인중생수자 세존 불설아득무쟁
着我人衆生壽者 世尊 佛說我得無諍

삼매인중 최위제일 시제일이욕아라
三昧人中 最爲第一 是第一離欲阿羅

한 세존 아부작시념 아시이욕아라
漢 世尊 我不作是念 我是離欲阿羅

한 세존 아약작시념 아득아라한도
漢 世尊 我若作是念 我得阿羅漢道

세존즉불설 수보리 시요아란나행자
世尊則不說 須菩提 是樂阿蘭那行者

이수보리실무소행 이명수보리시요
以 須 菩 提 實 無 所 行　而 名 須 菩 提 是 樂

아란나행[159]
阿 蘭 那 行

（莊嚴淨土分 第十）

불고수보리 어의운하 여래 석재연
佛 告 須 菩 提　於 意 云 何　如 來　昔 在 燃

등불소 어법유소득부 불야세존 여[160]
燈 佛 所　於 法 有 所 得 不　不 也 世 尊　如

래재연등불소 어법실무소득 수보리
來 在 燃 燈 佛 所　於 法 實 無 所 得　須 菩 提

어의운하 보살 장엄불토부 불야세
於意云何 菩薩 莊嚴佛土不 不也世

존 하이고 장엄불토자 즉비장엄[161] 시
尊 何以故 莊嚴佛土者 則非莊嚴 是

명장엄 시고 수보리 제보살마하살
名莊嚴 是故 須菩提 諸菩薩摩訶薩

응여시생청정심 불응주색생심 불응
應如是生淸淨心 不應住色生心 不應

주성향미촉법생심 응무소주 이생기
住聲香味觸法生心 應無所住 而生其

심 수보리 비여유인 신여수미산왕
心 須菩提 譬如有人 身如須彌山王

어의운하 시신위대부 수보리언 심
於意云何 是身爲大不 須菩提言 甚

대세존 하이고 불설대신 즉비대신
大世尊 何以故 佛說大身 卽非大身

시명대신[162]
是名大身

수보리 여항하중소유사수 여시사등
須菩提 如恒河中所有沙數 如是沙等

항하 어의운하 시제항하사 영위다
恒河 於意云何 是諸恒何沙 寧爲多

부 수보리언 심다세존 단제항하 상
不 須菩提言 甚多世尊 但諸恒河 尙

다무수 하황기사 수보리 아금실언
多無數 何況其沙 須菩提 我今實言

고여 약유선남자선여인 이칠보만이
告汝 若有善男子善女人 以七寶滿爾

소항하사수삼천대천세계 이용보시
所恒河沙數三千大千世界 以用布施

득복다부 수보리언 심다세존 불고
得福多不 須菩提言 甚多世尊 佛告

수보리 약선남자선여인 어차경중
須菩提 若善男子善女人 於此經中

내지수지사구게등 위타인설 이차복
乃至受持四句偈等　爲他人說　而此福

덕 승전복덕
德　勝前福德

부차수보리 수설시경 내지사구게등
復次須菩提　隨說是經　乃至四句偈等

당지차처 일체세간천인아수라 개응
當知此處　一切世間天人阿修羅　皆應

공양여불탑묘 하황유인 진능수지독
供養如佛塔廟　何況有人　盡能受持讀

송 수보리 당지시인성취최상제일희
誦 須菩提 當知是人成就最上第一希

유지법 약시경전소재지처 즉위유불
有之法 若是經典所在之處 則爲有佛

약존중제자
若尊重弟子

(如法受持分 第十三)

이시 수보리백불언 세존 당하명차
爾時 須菩提白佛言 世尊 當何名此

경 아등운하봉지 불고수보리 시경
經 我等云何奉持 佛告須菩提 是經

명위금강반야바라밀[163] 이시명자 여당
名爲金剛般若波羅蜜 以是名字 汝當

봉지 소이자하 수보리 불설반야바
奉持 所以者何 須菩提 佛說般若波

라밀 즉비반야바라밀 시명반야바라
羅蜜 則非般若波羅蜜 是名般若波羅

밀[164] 수보리 어의운하 여래유소설법
蜜 須菩提 於意云何 如來有所說法

부 수보리백불언 세존 여래무소설
不 須菩提白佛言 世尊 如來無所說

수보리 어의운하 삼천대천세계 소
須菩提 於意云何 三千大千世界 所

유미진 시위다부 수보리언 심다세
有微塵 是爲多不 須菩提言 甚多世

존 수보리 제미진 여래설비미진 시
尊 須菩提 諸微塵 如來說非微塵 是

명미진 여래설세계 비세계 시명세
名微塵 如來說世界 非世界 是名世

계 수보리 어의운하 가이삼십이상
界 須菩提 於意云何 可以三十二相

견여래부 불야세존 불가이삼십이상
見如來不 不也世尊 不可以三十二相

득견여래 하이고 여래설삼십이상
得見如來 何以故 如來說三十二相

즉시비상 시명삼십이상 수보리 약
卽是非相 是名三十二相 須菩提 若

유선남자선여인 이항하사등신명보
有善男子善女人 以恒河沙等身命布

시 약부유인 어차경중 내지수지사
施 若復有人 於此經中 乃至受持四

구게등 위타인설 기복심다
句偈等 爲他人說 其福甚多

이시 수보리 문설시경 심해의취 체
爾時 須菩提 聞說是經 深解義趣 涕

루비읍 이백불언 희유세존 불설여
涙悲泣 而白佛言 希有世尊 佛說如

시심심경전 아종석래소득혜안 미증
是甚深經典 我從昔來所得慧眼 未曾

득문여시지경 세존 약부유인 득문
得聞如是之經 世尊 若復有人 得聞

시경 신심청정 즉생실상 당지시인
是經 信心淸淨 則生實相 當知是人

성취제일희유공덕 세존 시실상자
成就第一希有功德 世尊 是實相者

즉시비상 시고 여래설명실상 세존
則是非相 是故 如來說名實相 世尊

아금득문여시경전 신해수지 부족위
我今得聞如是經典 信解受持 不足爲

난 약당래세 후오백세 기유중생 득
難 若當來世 後五百歲 其有衆生 得

문시경 신해수지 시인즉위제일희유
聞是經 信解受持 是人則爲第一希有

하이고 차인 무아상인상중생상수자
何以故 此人 無我相人相衆生相壽者

상 소이자하 아상즉시비상 인상중
相 所以者何 我相卽是非相 人相衆

생상수자상즉시비상 하이고 이일
生相壽者相卽是非相 何以故 離一

체제상 즉명제불 불고수보리 여시
切諸相 則名諸佛 佛告須菩提 如是

여시 약부유인 득문시경 불경불포
如是 若復有人 得聞是經 不驚不怖

불외 당지시인심위희유 하이고 수
不畏 當知是人甚爲希有 何以故 須

보리 여래설제일바라밀 즉비제일바
菩提 如來說第一波羅蜜 卽非第一波

라밀 시명제일바라밀 수보리 인욕
羅蜜 是名第一波羅蜜 須菩提 忍辱

바라밀 여래설비인욕바라밀 하이고
波羅蜜 如來說非忍辱波羅蜜 何以故

수보리 여아석위가리왕할절신체
須菩提 如我昔爲歌利王割截身體

아어이시 무아상 무인상 무중생상
我於爾時 無我相 無人相 無衆生相

무수자상 하이고 아어왕석절절지해
無壽者相 何以故 我於往昔節節支解

시 약유아상인상중생상수자상 응생
時 若有我相人相衆生相壽者相 應生

진한 수보리 우념과거어오백세 작
瞋恨 須菩提 又念過去於五百世 作

인욕선인 어이소세 무아상 무인상
忍辱仙人 於爾所世 無我相 無人相

무중생상 무수자상 시고 수보리 보
無衆生相 無壽者相 是故 須菩提 菩

살응리일체상 발아누다라삼먁삼보
薩應離一切相 發阿耨多羅三藐三菩

리심 불응주색생심 불응주성향미촉
提心 不應住色生心 不應住聲香味觸

법생심 응생무소주심 약심유주 즉
法生心 應生無所住心 若心有住 則

위비주 시고 불설보살심불응주색
爲非住 是故 佛說菩薩心不應住色

보시 수보리 보살 위이익일체중생
布施 須菩提 菩薩 爲利益一切衆生

응여시보시 여래설일체제상 즉시
應如是布施 如來說一切諸相 卽是

비상 우설일체중생 즉비중생 수보
非相 又說一切衆生 則非衆生 須菩

리 여래시진어자 실어자 여어자 불
提 如來是眞語者 實語者 如語者 不

광어자 불이어자 수보리 여래소득
誑語者 不異語者 須菩提 如來所得

법 차법 무실무허 수보리 약보살 심
法 此法 無實無虛 須菩提 若菩薩 心

주어법 이행보시 여인입암 즉무소
住於法 而行布施 如人入闇 則無所

견 약보살 심부주법 이행보시 여인
見 若菩薩 心不住法 而行布施 如人

유목 일광명조 견종종색 수보리 당
有目 日光明照 見種種色 須菩提 當

래지세 약유선남자선여인 능어차경
來之世 若有善男子善女人 能於此經

수지독송 즉위여래 이불지혜 실지
受持讀誦 則爲如來 以佛智慧 悉知

시인 실견시인 개득성취무량무변
是人 悉見是人 皆得成就無量無邊

공덕
功德

수보리 약유선남자선여인 초일분
須菩提　若有善男子善女人　初日分

이항하사등신보시 중일분 부이항하
以恒河沙等身布施　中日分　復以恒河

사등신보시 후일분 역이항하사등신
沙等身布施　後日分　亦以恒河沙等身

보시 여시무량백천만억겁 이신보시
布施　如是無量百千萬億劫　以身布施

약부유인 문차경전 신심불역 기복
若復有人　聞此經典　信心不逆　其福

승피 하황서사수지독송위인해설 수
勝彼 何況書寫受持讀誦爲人解說 須

보리 이요언지 시경 유불가사의불
菩提 以要言之 是經 有不可思議不

가칭량무변공덕 여래 위발대승자설
可稱量無邊功德 如來 爲發大乘者說

위발최상승자설 약유인 능수지독송
爲發最上乘者說 若有人 能受持讀誦

광위인설 여래 실지시인 실견시인
廣爲人說 如來 悉知是人 悉見是人

개득성취불가량불가칭무유변불가
皆得成就不可量不可稱無有邊不可

사의공덕 여시인등 즉위하담여래아
思議功德 如是人等 卽爲荷擔如來阿

누다라삼먁삼보리[169] 하이고 수보리
耨多羅三藐三菩提 何以故 須菩提

약요소법자[170] 착아견인견중생견수자
若樂小法者 着我見人見衆生見壽者

견 즉어차경 불능청수독송위인해설
見 則於此經 不能聽受讀誦爲人解說

수보리 재재처처 약유차경 일체세
須菩提 在在處處 若有此經 一切世

간천인아수라 소응공양 당지차처
間天人阿修羅 所應供養 當知此處

즉위시탑 개응공경 작례위요 이제
則爲是塔　皆應恭敬　作禮圍繞　以諸

화향 이산기처
華香　而散其處

（能淨業障分 第十六）

부차 수보리 선남자선여인 수지독
復次　須菩提　善男子善女人　受持讀

송차경 약위인경천 시인 선세죄업
誦此經　若爲人輕賤　是人　先世罪業

응타악도 이금세인경천고 선세죄업
應墮惡道　以今世人輕賤故　先世罪業

즉위소멸 당득아누다라삼먁삼보리¹⁷¹⁾
則爲消滅　當得阿耨多羅三藐三菩提

수보리 아념과거무량아승기겁 어연
須菩提　我念過去無量阿僧祇劫　於燃

등불전 득치팔백사천만억나유타제
燈佛前　得値八百四千萬億那由他諸

불 실개공양승사 무공과자 약부유
佛　悉皆供養承事　無空過者　若復有

인 어후말세 능수지독송차경 소득
人　於後末世　能受持讀誦此經　所得

공덕 어아소공양제불공덕 백분불급
功德　於我所供養諸佛功德　百分不及

일 천만억분 내지산수비유 소불능
一　千萬億分　乃至算數譬喻　所不能

급 수보리 약선남자선여인 어후말
及　須菩提　若善男子善女人　於後末

세 유수지독송차경 소득공덕 아약
世　有受持讀誦此經　所得功德　我若

구설자 혹유인문 심즉광란 호의불
具說者　惑有人聞　心卽狂亂　狐疑不

신 수보리 당지 시경의불가사의 과
信　須菩提　當知　是經義不可思議　果

보역불가사의
報亦不可思議

이시 수보리백불언 세존 선남자선
爾時 須菩提白佛言 世尊 善男子善

여인 발아누다라삼먁삼보리심[172] 운하
女人 發阿耨多羅三藐三菩提心 云何

응주 운하수행[173] 운하항복기심 불고
應住 云何修行 云何降伏其心 佛告

수보리 약선남자선여인 발아누다라
須菩提 若善男子善女人 發阿耨多羅

삼먁삼보리심자[174] 당생여시심[175] 아응멸
三藐三菩提心者 當生如是心 我應滅

도일체중생 멸도일체중생이 이무
度一切衆生 滅度一切衆生已 而無

유일중생실멸도자 하이고 수보리
有一衆生實滅度者 何以故 須菩提

약보살 유아상인상중생상수자상 즉
若菩薩 有我相人相衆生相壽者相 卽

비보살 소이자하 수보리 실무유법
非菩薩 所以者何 須菩提 實無有法

발아누다라삼먁삼보리심자 수보리
發阿耨多羅三藐三菩提心者 須菩提

어의운하 여래 어연등불소 유법득
於意云何 如來 於燃燈佛所 有法得

아누다라삼먁삼보리부 불야세존 여
阿耨多羅三藐三菩提不 不也世尊 如

아해불소설의 불어연등불소 무유법
我解佛所說義 佛於燃燈佛所 無有法

득아누다라삼먁삼보리 불언 여시여
得阿耨多羅三藐三菩提 佛言 如是如

시 수보리 실무유법여래득아누다라
是 須菩提 實無有法如來得阿耨多羅

삼먁삼보리 수보리 약유법여래득아
三藐三菩提 須菩提 若有法如來得阿

누다라삼먁삼보리자 연등불 즉불여
耨多羅三藐三菩提者 燃燈佛 則不與

아수기 여어내세 당득작불 호석가
我授記 汝於來世 當得作佛 號釋迦

모니 이실무유법득아누다라삼먁삼
牟尼 以實無有法得阿耨多羅三藐三

보리 시고 연등불 여아수기 작시언
菩提 是故 燃燈佛 與我授記 作是言

여어내세 당득작불 호석가모니 하
汝於來世 當得作佛 號釋迦牟尼 何

이고 여래자 즉제법여의 약유인언
以故 如來者 卽諸法如義 若有人言

여래득아누다라삼먁삼보리 즉위방
如來得阿耨多羅三藐三菩提 卽爲謗

불 불능해아소설고[177] 수보리 실무유
佛 不能解我所說故 須菩提 實無有

법불득아누다라삼먁삼보리 수보리
法佛得阿耨多羅三藐三菩提 須菩提

여래소득아누다라삼먁삼보리 어시
如來所得阿耨多羅三藐三菩提 於是

중 무실무허 시고 여래설 일체법 개
中 無實無虛 是故 如來說 一切法 皆

시불법 수보리 소언일체법자 즉비
是佛法 須菩提 所言一切法者 卽非

일체법 시고 명일체법 수보리 비여
一切法 是故 名一切法 須菩提 譬如

인신장대 수보리언 세존 여래설인
人身長大 須菩提言 世尊 如來說人

신장대 즉위비대신 시명대신 수보
身長大 則爲非大身 是名大身 須菩

리 보살역여시 약작시언 아당멸도
提 菩薩亦如是 若作是言 我當滅度

무량중생 즉불명보살 하이고 수보
無量衆生 則不名菩薩 何以故 須菩

리 실무유법명위보살 시고 불설일
提 實無有法名爲菩薩 是故 佛說一

체법 무아무인무중생무수자 수보리
切法 無我無人無衆生無壽者 須菩提

약보살작시언 아당장엄불토 시불명
若菩薩作是言 我當莊嚴佛土 是不名

보살 하이고 여래설장엄불토자 즉
菩薩 何以故 如來說莊嚴佛土者 卽

비장엄 시명장엄 수보리 약보살 통
非莊嚴 是名莊嚴 須菩提 若菩薩 通

달무아법자 여래설명진시보살
達無我法者 如來說名眞是菩薩

(一體同觀分 第十八)

수보리 어의운하 여래유육안부 여
須菩提 於意云何 如來有肉眼不 如

147

시세존 여래유육안 수보리 어의운
是世尊 如來有肉眼 須菩提 於意云

하 여래유천안부 여시세존 여래유
何 如來有天眼不 如是世尊 如來有

천안 수보리 어의운하 여래유혜안
天眼 須菩提 於意云何 如來有慧眼

부 여시세존 여래유혜안 수보리 어
不 如是世尊 如來有慧眼 須菩提 於

의운하 여래유법안부 여시세존 여
意云何 如來有法眼不 如是世尊 如

래유법안 수보리 어의운하 여래유
來有法眼 須菩提 於意云何 如來有

불안부 여시세존 여래유불안 수보
佛眼不 如是世尊 如來有佛眼 須菩

리 어의운하 여항하중소유사[179] 불설
提 於意云何 如恒河中所有沙 佛說

시사부 여시세존 여래설시사 수보
是沙不 如是世尊 如來說是沙 須菩

리 어의운하 여일항하중소유사 유
提 於意云何 如一恒河中所有沙 有

여시사등항하 시제항하소유사수불
如是沙等恒河 是諸恒河所有沙數佛

세계 여시영위다부 심다세존 불고
世界 如是寧爲多不 甚多世尊 佛告

수보리 이소국토중 소유중생 약간
須菩提 爾所國土中 所有衆生 若干

종심 여래실지 하이고 여래설제심
種心 如來悉知 何以故 如來說諸心

개위비심 시명위심 소이자하 수보
皆爲非心 是名爲心 所以者何 須菩

리 과거심불가득 현재심불가득 미
提 過去心不可得 現在心不可得 未

래심불가득
來心不可得

수보리 어의운하 약유인 만삼천대천
須菩提 於意云何 若有人 滿三千大千

세계칠보 이용보시 시인 이시인연 득
世界七寶 以用布施 是人 以是因緣 得

복다부 여시세존 차인 이시인연 득복
福多不 如是世尊 此人 以是因緣 得福

심다 수보리 약복덕유실 여래불설 득
甚多 須菩提 若福德有實 如來不說 得

복덕다 이복덕무고 여래설 득복덕다
福德多 以福德無故 如來說 得福德多

수보리 어의운하 불가이구족색신견
須菩提 於意云何 佛可以具足色身見

부[180] 불야세존 여래불응이구족색신견
不 不也世尊 如來不應以具足色身見

하이고 여래설구족색신 즉비구족색
何以故 如來說具足色身 卽非具足色

신[181] 시명구족색신 수보리 어의운하
身 是名具足色身 須菩提 於意云何

여래가이구족제상견부 불야세존 여
如來可以具足諸相見不 不也世尊 如

152

래불응이구족제상견 하이고 여래설
來 不 應 以 具 足 諸 相 見 何 以 故 如 來 說

제상구족 즉비구족 시명제상구족[182]
諸 相 具 足 卽 非 具 足 是 名 諸 相 具 足

수보리 여물위여래작시념 아당유소
須 菩 提 汝 勿 謂 如 來 作 是 念 我 當 有 所

설법 막작시념 하이고 약인언여래
說 法 莫 作 是 念 何 以 故 若 人 言 如 來

유소설법 즉위방불 불능해아소설고
有 所 說 法 卽 爲 謗 佛 不 能 解 我 所 說 故

수보리 설법자 무법가설 시명설법
須菩提 說法者 無法可說 是名說法

이시 혜명수보리백불언 세존 파유
爾時 慧命須菩提白佛言 世尊 頗有

중생 어미래세 문설시법 생신심부
衆生 於未來世 聞說是法 生信心不

불언 수보리 피비중생 비불중생 하
佛言 須菩提 彼非衆生 非不衆生 何

이고 수보리 중생중생자 여래설비
以故 須菩提 衆生衆生者 如來說非

중생 시명중생
衆生 是名衆生

(無法可得分 第二十二)[18]

수보리 어의운하 여래득아누다라삼
須菩提 於意云何 如來得阿耨多羅三

먁삼보리야 수보리언 불야세존 무
藐三菩提耶 須菩提言 不也世尊 無

유소법여래득아누다라삼먁삼보리
有少法如來得阿耨多羅三藐三菩提

불언 여시여시 수보리 아어아누다
佛言 如是如是 須菩提 我於阿耨多

라삼먁삼보리 내지무유소법가득 시
羅三藐三菩提 乃至無有少法可得 是

155

명아누다라삼먁삼보리
名 阿 耨 多 羅 三 藐 三 菩 提

부차수보리 시법평등 무유고하 시
復次須菩提 是法平等 無有高下 是

명아누다라삼먁삼보리 이무아무인
名 阿 耨 多 羅 三 藐 三 菩 提 以 無 我 無 人

무중생무수자 수일체선법 즉득아누
無 衆 生 無 壽 者 修 一 切 善 法 卽 得 阿 耨

다라삼먁삼보리 수보리 소언선법자
多 羅 三 藐 三 菩 提 須 菩 提 所 言 善 法 者

여래설비선법 시명선법
如來說非善法 是名善法

수보리 약삼천대천세계중 소유제수
須菩提 若三千大千世界中 所有諸須

미산왕 여시등칠보취 유인 지용보
彌山王 如是等七寶聚 有人 持用布

시 약인 이차반야바라밀경 내지사
施 若人 以此般若波羅蜜經 乃至四

구게등 수지독송 위타인설 어전복
句偈等 受持讀誦 爲他人說 於前福

덕 백분불급일 백천만억분 내지산
德　百分不及一　百千萬億分　乃至算

수비유 소불능급
數譬喩 所不能及

수보리 어의운하 여등물위여래작시
須菩提　於意云何　汝等勿謂如來作是

념 아당도중생 수보리 막작시념 하
念　我當度衆生　須菩提　莫作是念　何

이고 실무유중생여래도자 약유중생
以故　實無有衆生如來度者　若有衆生

158

여래도자 여래즉유아인중생수자 수[185]
如來度者 如來則有我人衆生壽者 須

보리 여래설유아자 즉비유아 이범
菩提 如來說有我者 則非有我 而凡

부지인 이위유아 수보리 범부자 여[186]
夫之人 以爲有我 須菩提 凡夫者 如

래설즉비범부 시명범부[187]
來說則非凡夫 是名凡夫

(法身非相分 第二十六)[188]

수보리 어의운하 가이삼십이상관여
須菩提 於意云何 可以三十二相觀如

래부 수보리언 세존 여아해불소설
來不 須菩提言 世尊 如我解佛所說

의 불응이삼십이상관여래 불언 여
義 不應以三十二相觀如來 佛言 如

시여시 수보리 여여소설 불응이삼
是如是 須菩提 如汝所說 不應以三

십이상관여래 수보리 약이삼십이상
十二相觀如來 須菩提 若以三十二相

관여래자 전륜성왕 즉시여래[189] 이시
觀如來者 轉輪聖王 則是如來 爾時

세존 이설게언
世尊 而說偈言

약이색견아 이음성구아
若 以 色 見 我 以 音 聲 求 我

시인행사도 불능견여래[190]
是 人 行 邪 道 不 能 見 如 來

(無斷無滅分 第二十七)

수보리 여약작시념 여래 이구족상
須 菩 提 汝 若 作 是 念 如 來 以 具 足 相

고 득아누다라삼먁삼보리 수보리[191]
故 得 阿 耨 多 羅 三 藐 三 菩 提 須 菩 提

막작시념 여래 불이구족상고 득아
莫 作 是 念 如 來 不 以 具 足 相 故 得 阿

누다라삼먁삼보리 수보리 여약작시
耨多羅三藐三菩提 須菩提 汝若作是

념 발아누다라삼먁삼보리심자 설제
念 發阿耨多羅三藐三菩提心者 說諸

법단멸 막작시념 하이고 발아누다
法斷滅 莫作是念 何以故 發阿耨多

라삼먁삼보리심자 어법 불설단멸상
羅三藐三菩提心者 於法 不說斷滅相

（不受不貪分 第二十八）

수보리 약보살 이만항하사등세계칠
須菩提 若菩薩 以滿恒何沙等世界七

162

보 지용보시 약부유인 지일체법무
寶 持用布施 若復有人 知一切法無

아 득성어인 차보살 승전보살소득
我 得成於忍 此菩薩 勝前菩薩所得

공덕 하이고 수보리 이제보살 불수
功德 何以故 須菩提 以諸菩薩 不受

복덕고 수보리백불언 세존 운하보
福德故 須菩提白佛言 世尊 云何菩

살 불수복덕 수보리 보살 소작복덕
薩 不受福德 須菩提 菩薩 所作福德

불응탐착 시고 설불수복덕
不應貪着 是故 說不受福德

수보리 약유인언 여래약래약거약좌
須菩提　若有人言　如來若來若去若坐

약와 시인 불해아소설의 하이고 여
若臥　是人　不解我所說義　何以故　如

래자 무소종래 역무소거 고명여래
來者　無所從來　亦無所去　故名如來

수보리 약선남자선여인 이삼천대천
須菩提　若善男子善女人　以三千大千

세계 쇄위미진 어의운하 시미진중
世界 碎爲微塵 於意云何 是微塵衆

영위다부 수보리언 심다세존 하이
寧爲多不 須菩提言 甚多世尊 何以

고 약시미진중 실유자 불즉불설시
故 若是微塵衆 實有者 佛則不說是

미진중 소이자하 불설미진중 즉비
微塵衆 所以者何 佛說微塵衆 則非

미진중 시명미진중 세존 여래소설
微塵衆 是名微塵衆 世尊 如來所說

삼천대천세계 즉비세계 시명세계
三千大千世界 則非世界 是名世界

하이고 약세계실유자 즉시일합상
何以故 若世界實有者 則是一合相

여래설일합상 즉비일합상 시명일합
如來說一合相 卽非一合相 是名一合

상 수보리 일합상자 즉시불가설 단
相 須菩提 一合相者 則是不可說 但

범부지인 탐착기사
凡夫之人 貪着其事

(知見不生分 第三十一)

수보리 약인언 불설아견인견중생견
須菩提 若人言 佛說我見人見衆生見

166

수자견 수보리 어의운하 시인 해아
壽者見 須菩提 於意云何 是人 解我

소설의부 불야세존 시인 불해여래
所說義不 不也世尊 是人 不解如來

소설의 하이고 세존설아견인견중생
所說義 何以故 世尊說我見人見衆生

견수자견 즉비아견인견중생견수자
見壽者見 卽非我見人見衆生見壽者

견 시명아견인견중생견수자견 수보
見 是名我見人見衆生見壽者見 須菩

리 발아누다라삼먁삼보리심자 어일
提 發阿耨多羅三藐三菩提心者 於一

167

체법 응여시지 여시견 여시신해 불
切法　應如是知　如是見　如是信解　不

생법상 수보리 소언법상자 여래설
生法相　須菩提　所言法相者　如來說

즉비법상 시명법상
卽非法相　是名法相

（應化非眞分 第三十二）

수보리 약유인 이만무량아승기세계
須菩提　若有人　以滿無量阿僧祇世界

칠보 지용보시 약유선남자선여인
七寶　持用布施　若有善男子善女人

발보살심자 지어차경 내지사구게등
發菩薩心者 持於此經 乃至四句偈等

수지독송 위인연설 기복승피 운하
受持讀誦 爲人演說 其福勝彼 云何

위인연설 불취어상 여여부동 하이고
爲人演說 不取於相 如如不動 何以故

일체유위법 여몽환포영
一切有爲法 如夢幻泡影

여로역여전 응작여시관
如露亦如電 應作如是觀

불설시경이 장로수보리 급제비구비
佛說是經已 長老須菩提 及諸比丘比

구니 우바새우바이 일체세간천인
丘尼　優婆塞優婆夷　一切世間天人

아수라 문불소설 개대환희 신수봉행
阿修羅　聞佛所說　皆大歡喜　信受奉行

- 註 釋 -

1)금강반야바라밀경 [金剛般若波羅蜜經] : 범어의 제목은 바즈라체디까아 쁘라즈냐아빠아라미따아 수우뜨라(Vajracchedikā Prajñāpāramitā Sūtra)이다. 바즈라(Vajra)는 금강석(金剛石) 또는 다이아몬드를 뜻하며, 체디까아(cchedikā)는 '잘 자르다' 라는 뜻이다. 쁘라즈냐아(Prajñā)는 초월적 지혜인 반야(般若)이며, 빠아라미따아(pāramitā)는 '완성(完成)'의 뜻으로 열반의 세계에 이르는 것을 가리킨다. 수우뜨라(Sūtra)는 '지름길'이며 '바른길' 인데, 부처님의 가르침은 진리에 이르는 지름길이 되고 해탈 · 열반에 나아가는 바른길이라는 뜻이다. 이것을 중국식으로 옮길 때《금강반야바라밀경》또는 체디까아(cchedikā, 잘 자르다)의 뜻을 살려서《능단금강반야바라밀경》,《금강능단반야바라밀경》이라 번역하였다. 그러나 금강(金剛) 그 자체에 잘 자르는 성질이 포함되어 있기 때문에 '능단(能斷-잘 자른다)'을 빼고《금강반야바라밀경》이라고 해도 뜻에는 변함이 없다.

금강[金剛, vajra] : 금강은 다이아몬드이다. 이 다이아몬드는 '반야'를 설명하는 것인데 반야가 불성(부처 성품)에서 비롯되므로 불성을 가리키는 말도 된다.

반야[般若, prajñā] : 반야는 초월적 지혜이다. 지식과 경험의 한계성을 뛰어넘는 지혜이다. 어스름한 빛은 이상한 그림자를 만들고, 그림자는 다시 온갖 공상을 일으키게 되며, 이 공상은 두려움을 일으키고, 이 두려움은 갖가지 문제와 괴로움을 만들게 된다. 이러한 것이 우리의 지식과 경험의 한계이다. 그러나 한낮이 되면 모든 것이 그 실체가 확실하게 드러나게 되므로, 부질없는 공상과 두려움이 일어나지 않게 된다.
이 태양의 광명과 같은 것이 참된 지혜인 반야이다. 맑은 거울에 모든 것이 그대로 비치듯 물들지 않는 마음에서 솟아나는 지혜이며, 영원히 죽지 않는 생명의 빛이며, 온갖 집착을 떨쳐 버린 영혼의 빛이 곧 반야이다.

바라밀[波羅蜜, pāramitā] : 괴롭고 고통스런 이 언덕에서 절대 자유이며

영원히 평화로운 세계인 저 언덕으로 건너간다는 뜻으로 '도피안(到彼岸)'이라고 번역하는데, '완성(完成)'을 뜻하기도 한다.

경[經, Sūtra] : 경은 부처님의 말씀을 기록한 것이다. 부처님은 행복에 이르는 길을 중생들에게 제시하셨고, 그 길은 바르고 정확하며 최상이다. 그러므로 경에 의지하면 반드시 행복의 세계에 이른다. 그것을 깨달음의 세계라 한다.

2) 나[我] : 이 경을 듣고 기억했다가 서술했다는 아난다존자이다. 아난다존자(Ananda)는 부처님의 사촌동생으로 출가해서는 부처님을 곁에서 모시는 시자(侍者)를 맡았다. 또한 기억력이 워낙 뛰어나 한 번 들은 것은 그대로 기억했다고 한다. 늘 곁에서 모셨기 때문에 거의 모든 가르침을 기억했다고 전한다. 따라서 십대 제자 중 가장 많은 것을 듣고 기억한 '다문제일(多聞弟一)'로 존중되는 분이다.

3) 세존[世尊] : 한역(漢譯)에는 불(佛)로 되어 있으나 범본에는 브하아가와완(Bhagavān)으로 되어 있으므로, 여기서는 세존으로 바로잡았다. 세존은 부처님 열 가지 존칭 중의 하나로 '세상에서 가장 존귀하신 분(世尊)'이라는 뜻이다.

4) 사위성[舍衛城] : 구마라집역본에는 사위국(舍衛國)으로 되어있으나 바로잡았다. 사위성은 부처님 당시 인도 중부에 있던 꼬살라(Kosala)국의 수도인 스라아와스띠이(Śrāvastī)이다.

5) 제따동산 : 한역(漢譯)의 기수(祇樹)는 '기타(祇陀, Jeta) 태자의 숲'이라는 뜻으로 제따와나(Jetavana)의 번역이다. 제따태자의 동산을 수닷따(Sudatta)장자가 사길 원하자 태자가 농담으로 동산을 금으로 덮으면 팔

겠다고 했다. 장자는 동산을 얇은 금판으로 뒤덮기 시작했다. 태자가 놀라
서 왜 이렇게까지 하면서 사려고 하느냐고 묻자, 부처님과 제자들이 머물
곳을 만들기 위해서라고 했다. 태자는 감동하여 팔기로 결심했는데, 나무
는 금으로 덮을 수 없으니 자기가 기증하겠다고 하였다. 사원이 완성되었
을 때 그런 연유를 따라 제따동산을 넣게 된 것이라 한다.

6) 급고독원[給孤獨園]: '급고독 장자가 지은 절'이라 번역하면 좋을 것이
다. '급고독(給孤獨)'은 아나아타삔디까(Anāthapindika)의 번역으로
'외로운 사람들에게 베풀어 주는 어른'이라는 뜻인데, 스라아와스띠이
(Śrāvastī)성의 거부(巨富) 수닷따(Sudatta)의 별명이다. '원(園)'은 아
아라아마(ārāma)의 번역으로 부처님 당시의 사찰을 가리킨다. 기수급고
독원(祇樹給孤獨園)을 흔히 기원정사(祇園精舍)라고도 한다.

7) 비구[比丘]: 브힉수(bhikṣu)의 소리 옮김으로 20세 이상의 출가자가 수
계한 경우를 가리킨다(남자 250계 수계자).

8) 공양 때[食時]: 엄격히 말하면 '탁발할 때'라고 하는 것이 옳다. 경에서도
나오듯이 성 밖에 머무시던 부처님께서 성 안으로 들어가시어 밥을 얻으
신 후 다시 거처로 돌아오신 후에 공양을 드시기 때문이다.

9) 발우[鉢盂]: 빠아뜨라(pātra)를 소리대로 옮긴 발다라(鉢多羅)의 첫 자
와 사발을 뜻하는 한자 우(盂)를 합한 말로 수행자의 식기를 가리키는 말
이다. '바루' 또는 '바리'라고도 하며, '응량기(應量器)'라고도 한다.

10) 차례로 밥을 얻으신 후[次第乞已]: 밥을 얻을 때의 원칙은 시작하는 곳에
서 일곱 집만을 거쳐야 한다. 만약 얻지 못하면 그냥 돌아와 다른 이가 얻
어온 것을 다시 분배받는다.
밥을 얻어먹는 데는 세 가지 뜻이 있다. ① 내가 잘났다는 생각을 놓는 것
을 중생에게 가르쳐 주심이요, ② 중생들에게 복을 지을 수 있는 기회를

주는 것이며, ③ 중생들이 부처님을 뵙고 진리에 접할 수 있는 기회를 마
련해 주시는 것이다.

11) **정념의 경지에 드셨다**: 범본 빛 다른 역본을 보면 '결가부좌로 앉으시어
몸을 곧게 하시고 앞을 향해 바른 집중(正念)의 경지에 머무셨다'로 되어
있으나, 구마라집역에는 '자리를 펴고 앉으셨다'로 끝내고 있다.

제 2. 수보리존자가 가르침을 청함

12) **장로[長老]**: ① '나이 많은 스님'이라는 뜻과 ② '진리를 깨닫고 지혜와
덕이 있는 스님'이라는 뜻으로 쓰이는 말. 장로가 되면 교단의 중요한 일
을 의논하고 결정하는 데 참여하며, 교단의 웃어른이 된다.

13) **수보리[須菩提]**: 원이름 수브후우띠(Subhūti)를 소리대로 옮긴 것이다.
부처님의 십대 제자 중에서, 모든 것이 비어 있음의 도리, 즉 공(空)의 도
리를 가장 잘 알았다고 해서 해공 제일(解空第一 : 공을 가장 잘 안 사람)
이라고 불린다. 너무나 익숙하므로 기존의 표기대로 썼다.

14) **오른쪽 어깨를 드러내고 오른쪽 무릎을 땅에 꿇고**: 부처님께 존경의 뜻으
로 올리는 예법이다.

15) **놀라운 일입니다**: 학연의 희유(希有)에 해당하는 범어 아아스짜량
(āścaryam)에는 '경이롭다 · 놀랍다 · 기이하다' 등의 뜻이 있다.

16) **여래[如來]**: 따타아가따(Tathāgata)의 번역어로 여래 십호의 총칭이다.
드높은 깨달음에 이르시고는 그곳에 머무시지 않고 중생 속으로 오심으
로 해서 '불교'라는 것이 존재하게 되었고, 수많은 중생들이 바른 가르침
을 만나게 되었기에 가장 중요한 존칭으로서 그 대표격이 된 것이다.

17) 보살[菩薩] : 보드히삿트와(Bodhisattva)를 소리대로 옮긴 보리살타(菩提薩埵)를 줄인 말이다. 보드히(bodhi)란 '깨달음'을 뜻하는 말이며, 삿뜨와(sattva)는 '중생'이라는 뜻이니, 보살은 최상의 깨달음을 구하면서 동시에 중생들을 구제하려고 하는 사람이며, 그런즉 지혜와 자비를 갖춘 사람이다.

18) 훌륭한 자질의 남자나 여인[善男子善女人] : 범본에서의 뜻은 '훌륭한 집안의 아들, 훌륭한 집안의 딸'이다. 달마급다 스님은 '선가자선가녀(善家子善家女)'로 범본에 충실하였다. 그러나 이 말은 부처님께서 청중을 존중하는 말씀이므로 '자질이 뛰어난 남자와 여인'으로 번역하였다.
선남자(자질이 뛰어난 남자)란 평탄한 마음, 즉 안정된 마음을 찾아 능히 모든 능력과 덕망을 성취하여 가는 데 걸림이 없는 사람이니, 즉 지혜를 갖출 자질이 있는 사람이다.
선여인(자질이 뛰어난 여인)이란, 자신의 능력을 다른 사람에게 베풀 수 있는 사람, 즉 자비를 갖출 자질이 있는 사람이다.

19) 보살의 삶을 살고자 한다면[發阿耨多羅三藐三菩提心] : 한역의 아누다라삼먁삼보리(阿耨多羅三藐三菩提)가 범본에는 보드히삿뜨와-야아나(bodhisattva-yāna)로 되어 있고 현장역, 달마급다역, 의정역에서는 보살승(菩薩乘)으로 되어 있다. 구마라집역에는 아누다라삼먁삼보리(阿耨多羅三藐三菩提)로 되어있지만, 이 금강경이 대승보살을 위한 지침서라는 것을 확실히 하기 위해 모두 바로잡았다.

20) 어떻게 수행해야 하고 : 구마라집역에는 없는 구절이나 범본 및 다른 역본에 따라 넣었다. 범본 및 다른 다섯 역본에는 세 가지 질문과 세 가지 답으로 되어 있다. 즉 응운하주 운하수행 운하항복기심(應云何住 云何修行 云何降伏其心)으로 되어 있는데, 이는 ① 마음의 결심 ② 행위로서의 실천 ③ 마음에 각종 관념을 제거하여 깨닫는 문제를 다루고 있는 것이다.

21)**수행하며[如是修行]** : 구마라집역에는 없으나 범본과 다른 역본에 따라 넣었다.

22)**마하살[摩訶薩]** : 마하아-삿뜨와(mahā-sattva)를 소리대로 옮긴 말로 '위대한 사람'이라는 뜻이며, '보살'에 대한 존칭이다. 보살은 생각 생각이 청정하면서도 자기의 청정함에만 만족하는 것이 아니라 중생 속에 뛰어들어 그들을 구제하되 중생들의 번뇌에는 결코 물들지 않으며, 또 중생을 교화하면서도 교화한다는 생각이 없으므로 '위대한 사람'이라고 하는 것이다.

23)**마음을 일으켜야 하느니라** : 범본에는 '마음을 일으켜야 한다'로 되어 있고 현장역에는 발기여시지심(發起如是之心), 보리류지역과 의정역에는 생여시심(生如是心), 진제역에는 여시발심(如是發心)이라 되어 있다. 구마라집 스님은 항복기심(降伏其心)으로 번역했는데, 발심과 마음을 항복받는 것이 별개가 아니라고 본 것 같다.

24)**알로 생긴 것[卵生]** : 알에서 태어나는 날짐승이나 물고기 종류를 가리킨다.

25)**태로 생긴 것[胎生]** : 어미의 태(胎) 속에서 사지가 갖추어져 태어나는 것으로 사람과 짐승 등을 가리킨다.

26)**습기로 생긴 것[濕生]** : 습한 곳에서 성장하여 태어나는 벌레·나방 등을 가리킨다.

27)**변화하여 생긴 것[化生]** : 자체가 없고 의지하는 것 없이 생겨나는 하늘나라나 지옥에 태어나는 중생들을 가리킨다.

28)**모양이 있는 것[有色]**: 분별하는 마음을 내어 망령되이 옳고 그른 것을 보아 안으로 고정불변의 실체가 없다는 사실을 알지 못하는 것이니, 범부의 삶이 여기에 속한다.

29)**모양이 없는 것[無色]**: 안으로 본래 청정한 자기의 본 성품을 지키려 하되 지혜와 자비를 닦지 않는 것이니, 명상가와 같은 사람들이 이에 속한다.

30)**생각이 있는 것[有想]**: 중도(中道)의 바른 이치를 알지 못하고, 눈·귀·코·혀·피부·의지에 끌려 밖의 경계에 매달려 입으로는 비록 불법(佛法)을 말하나 행동으로는 되지 않는 것이니, 교리만을 외우는 지식인 등이 이에 속한다고 할 수 있다.

31)**생각이 없는 것[無想]**: 참선 등의 수행을 하되 번뇌를 없애야 곧 깨달음에 다다를 수 있다고 여겨 아무런 생각이 없어서 목석(木石)과 같이 되는 것을 말한다.

32)**생각이 있는 것도 아니고 없는 것도 아닌 것[非有想非無想]**: 여러 가지 집착이나 거친 번뇌들은 사라졌지만 목석처럼 된 것은 아니고, 진리를 파악한다고 하는 생각이 남아 있는 단계이다.

33)**나라는 관념[我相 : ātman-saṃjñā]**: '나라는 것이 있다'는 관념이다. 우리의 몸과 정신 작용은 여러 조건과 요소가 모여서 이루어지거나 흩어지면서 사라지는 것인데도 영원불멸의 자아를 고집하는 관념이다.
아아뜨만(ātman)에는 영혼·생명·자신 등의 뜻이 있고, 아(我)·아자(我者)·기(己)·자(自)·성(性) 등으로 한역되었다.
삼즈냐아(saṃjñā)에는 ~라고 칭해지는 일치·이해·의식·지식·명료한 개념 등의 뜻이 있고, 상(相)·명호(名號)·상(想)·사(思)·심(心)·의(意)·지견(智見) 등으로 한역되었다.

34) **사람이라는 관념**[人相 : pudgala-saṃjñā]: '나는 인간이다' 는 관념이다. 이는 독자적 존재성을 고집함으로 다른 존재와는 다르다는 차별심을 일으킨다. 뿌드갈라(pudgala)에는 신체·나·영혼·개인 등의 뜻이 있고, 인(人)·사부(士夫)·장부(丈夫)·우정(有情)·중생(衆生) 등으로 한역되었다.

35) **중생이라는 관념**[衆生相 : sattva-saṃjñā]: '나는 이렇게 존재한다' 는 관념이다. 불교에서는 특히 '나는 어리석은 존재일 뿐이다' 등의 관념을 경계한다.
삿뜨와(sattva)에는 존재·실재 등의 뜻이 있고, 유정(有情)·중생(衆生) 등으로 한역되었다.

36) **목숨이라는 관념**[壽者相 : jiva-saṃjñā]: '나는 영원한 목숨이다' 라는 관념이다. 지와(jiva)에는 존재하다·생활하다·생명의 숨 등의 뜻이 있고, 명(命)·명자(命者)·존명(存命)·수자(壽者)·수명(壽命) 등으로 한역되었다.

사상[四相 : 我相·人相·衆生相·壽者相]: 구마라집역에는 네 가지 관념(四相)이 지적되어 있어서 여기에 큰 의미를 부여하는 경향도 있지만, 현장역에서 아홉 가지 관념을 지적했듯이 몇 개의 관념을 문제 삼는 것이 아니라 인간의 굳어진 관념을 문제 삼고 있는 것이다. 그러므로 낱낱의 의미 분석에 너무 매달릴 것이 아니라고 본다. 여기에서는 불교 전문가가 아닌 이들을 생각하여 '나라는 관념', '사람이라는 관념', '중생이라는 관념', '목숨이라는 관념' 으로 풀이한다.

제 4. 뛰어난 수행에는 집착이 없다

37) **대상**[法 : vastu]: 범어 와스뚜(vastu)는 물(物)·사(事)·법(法)·제법(諸法)·사물(事物) 등으로 번역되었다. 그러므로 이때의 법(法)은 드

하르마(dharma)와는 완전히 다른 것이다.

38) **집착함[住 : pratiṣṭhā]**: 쁘라띠스타아(pratiṣṭhā)는 주(住)·소주(所住)·의지(依止)·의처(依處)·소의(所依)·착(着) 등으로 한역되었다. 진제스님은 착(着)으로 번역했다.

39) **베풀어야 하는 것이니라[行於布施]**: 보시(布施)는 범어 다아나(dāna)의 번역으로 베푸는 행위이다.

40) **모양·소리·향기·맛·감촉·이치(원리)에 집착[住色聲香味觸法]**: 우리의 여섯 가지 감각 기관인 눈·귀·코·입·몸·마음이 대상으로 삼는 모양·소리·향기·맛·감촉·이치(원리)에 대해 좋거나 나쁘다고 판단하고 취사선택하려는 집착을 뜻한다.

41) **떠오르는 관념[相]**: 구마라집 스님이 부주어상(不住於相)이라 번역한 곳의 상(相)에 해당되는 범어는 니밋따-삼즈냐아(nimitta-saṃjñā)인데, 니밋따(nimitta)는 목적·목표·상징·이유·동기·수단 등의 뜻이 있고, 상(相)·서상(瑞相)·표상(標相)·사(事)·상(像)·의(義)·인(因) 등으로 한역되었다. 여기서는 '떠오르는 관념'으로 옮긴다.

42) **온 우주의 허공**: 한역에는 남서북방사유상하허공(南西北方四維上下虛空)으로 되어 있는데, 독송의 흐름을 위해 낱낱 번역을 하지 않고 '온 우주의 허공'으로 옮긴다. 동서남북과 그 중간인 사유와 상하를 시방(十方)이라 하는데, 시방(十方)은 곧 우주를 뜻하는 말이다.

43) **수보리여! 보살은 마땅히 이와 같이 베풀어야 하느니라**: 구마라집역의 '수보리 보살단응여소교주(須菩提 菩薩但應如所敎住)'는 범본이나 다른 역본에는 없는 구절이다. 범본과 현장역, 보리류지역에는 '반드시 집착이 없는 보시를 해야 한다'는 내용으로 끝맺고 있다. 따라서 구마라집

역의 주(住)는 '베푸는 행위'를 뜻한다.

제 5. 가르침대로 참답게 보라

44) **훌륭한 신체적 특징을 다 갖추었다[以身相]** : 현장역에는 이제상구족(以諸相具足), 보리류지역에는 이상성취(以相成就), 진제역에는 이신상승덕(以身相勝德), 달마급다역에는 상구족(相具足), 의정역에는 이구족승상(以具足勝相)이니, '훌륭한 신체적 특징을 다 갖추었다' 정도로 풀이해야 한다.

45) **훌륭하고 뛰어난 모습[相]** : 구마라집 스님이 상(相)으로 한역한 범어 락사나(lakṣaṇa)에는 '간접적으로 표현되다. ~에 의해 특징지어지다. ~으로 나타나다. 기초 · 특징 · 속성' 등의 뜻이 있다.

46) 금강경의 유명한 4구게로 통하는 이 부분은 범본이나 다른 역본에는 6구게의 형태이다. 범본과 다른 역본들을 종합해 보면 다음과 같은 내용으로 정리된다.「훌륭한 특징만으로 여래를 보려는 것은 허망한 일이다. 훌륭한 특징으로만 여래를 보려고 하지 않으면 허망하지 않다. 이와 같이 훌륭한 특징과 특징이 아닌 것으로써 여래를 관찰해야만 한다.」

제 6. 바른 믿음은 고귀하다

47) **가르침[言說章句]** : 범본 및 다른 역본에서는 '경전의 구절(經章句)'이라고 되어 있다. 부처님의 금강경 가르침을 뜻한다.

48) **후오백세[後五百歲]** : 부처님께서 입멸하신 때로부터 오백 년 단위로 기간을 나누어 마지막 다섯 번째의 오백 년을 가리킨다고 해석한다. 이때는 사람들의 수준이 아주 거칠고 낮아진다고 보았다.
현장역, 달마급다역에는 어당래세후시후금 후오백세 정법장멸시(於當來

世後時後今 後五百世 正法將滅時)로, 보리류지역에는 어미래세 말세(於未來世 末世)로, 의정역에는 당래세 후오백세 정법멸시(當來世 後五百世 正法滅時)로 되어 있다.

49) 이 경전의 말씀[此章句]: 다른 역본에는 차경장구(此經章句) 혹은 차경전(此經典)으로 되어 있다.

50) 부처의 지혜로 모두 알고 부처의 눈으로 모두 보느니라: 구마라집역에는 '여래는 다 알고 다 본다(如來悉知悉見)'로 번역되었으나, 범본 및 현장역에는 '여래는 부처의 지혜로 그들을 다 알며, 부처의 눈으로 그들을 다 본다(如來以其佛智悉已知彼 如來以其佛眼悉已見彼)'로 되어 있다.

51) 가르침이라는 관념[法相 : dharmasaṃjñā]: 앞에서 '경전의 말씀을 듣고 신심을 낸다(能生信心)'고 했으므로, 여기서의 '법상(法相)'은 '가르침이라는 관념'이다.
'법(法, dharma)'이라는 단어는 진리, 가르침, 이치, 존재 등의 다양한 뜻으로 쓰인다. 문맥에 따라 가장 적합한 것으로 번역해야 한다.

52) 왜 그러한가?[何以故]: 라집역에는 '진리가 아니라는 관념을 가져도~' 앞에 '왜 그러한가?(하이고)'를 두고 있으나 범본 및 현장역, 급다역, 의정역에는 '진리라는 관념을 가져도~' 앞에 '왜 그러한가?(하이고)'를 두어 '진리라는 관념을 가져도~'와 '진리가 아니라는 관념을 가져도~'의 대비되는 문장을 함께 받도록 하였다. 내용상으로 앞에 두는 것이 적합하다. 만약 '왜 그러한가?(하이고)'를 '진리가 아니라는 관념을 가져도~' 앞에 두면 뒷 문장이 앞 문장의 이유가 되어야 하나 앞뒤의 문장 전체가 '이 모든 중생이 만약 마음에 관념을 가지면~'을 설명하고 있으므로 '왜 그러한가?(하이고)'를 '진리라는 관념을 가져도~' 앞에 두는 것이 맞다. 라집역은 필사로 전승되는 과정에서 뒤바뀐 것으로 볼 수 있다.

53) **가장 높고 바르며 원만한 깨달음[阿耨多羅三藐三菩提]**: 한역에는 대부분 범어 아눗따라아 삼약 삼보드히(Anuttarā samyak−sambodhi)를 소리대로 옮기고 있다. 아눗따라아(Anuttarā)는 '위없이 높은, 가장 높은'의 뜻이고, 삼약(samyak)은 '바르다'의 뜻이며, 삼보드히(sambodhi)는 '완전한 깨달음'이란 뜻이니, 이를 합치면 '가장 높고 바르며 원만한 깨달음'이라는 뜻이며, 곧 부처님의 깨달음을 가리킨다. 범본에서는 '보살의 삶' 또는 '깨달음' 등의 용어라도 구마라집 스님은 모두 '아누다라삼먁삼보리'로 옮겼는데, 보살의 삶이나 깨달음의 궁극적인 자리가 바로 부처님의 깨달음이기 때문에 통일해서 한역한 것으로 보인다.

'아누다라삼먁삼보리'로 표기하는 것은 대한불교조계종 교육원에서 편역한 표준 금강경을 따랐다.

54) **모두 깨달음의 경지로 인한 다른 표현**: 구마라집역의 '개이무위법 이유차별(皆以無爲法 而有差別)'을 그대로 풀어보면 '모두 무위법으로써 차별이 있다'가 된다.

현장역에는 개이무위지소현고(皆是無爲之所顯故)로, 보리류지역에는 개이무위법득명(皆以無爲法得名)으로, 진제역에는 개이무위진여소현고(皆以無爲眞如所顯故)로, 달마급다역에는 무위법현명(無爲法顯明)으로, 의정역에는 개이무위소현현(皆以無爲所顯現)으로 되어 있다. 범본과 한역본들을 종합해보면, 성현들의 과위(果位)인 아라한 등의 명칭도 깨달음의 정도에 따른 임시적인 표현일 뿐이라는 뜻이 된다.

무위(無爲)로 번역된 범어 아삼스끄리따(asaṃskṛta)에는 '꾸며지지 않은, 장식되지 않은, 뒤섞임이 없는' 등의 뜻이 있으며, 무위(無爲), 비위(非爲), 비유위(非有爲) 등으로 한역되었다. 여러 조건이 모여 이루어지거나 흩어지는 것이 아닌 진여(眞如), 열반(涅槃) 등으로 표현되는 깨달음의 세계를 뜻한다.

55) **삼천대천세계[三千大千世界]**: 우리가 사는 세상을 사천하(四天下)라 하는데, 하나의 태양계라고 볼 수 있다. 이것을 천 배 하면 '일 소천세계(一小千世界)'가 되고, 다시 이것의 천 배가 되는 것을 '일 중천세계(一中千世界)'라 하며, 이것을 다시 천 배 하면 '일 대천세계(一大千世界)'가 된다. 즉 삼천(三千)이라는 말은 1,000×1,000×1,000의 숫자이니, 1,000,000,000 우주가 삼천대천세계이다. 우리가 알고 있는 태양계의 10억 배라는 설명이 된다.

56) **복덕[福德]**: '많은 공덕이 있는 행위'라는 뜻의 범어 뿌냐-스깐드하(punya-skandha)를 번역한 것. 이외의 한역을 보면, 복(福), 복덕취(福德聚), 공덕(功德), 공덕온(功德蘊), 공덕지취(功德之聚), 공덕장(功德藏) 등이 있다.

57) **복덕의 성품[福德性]**: 구마라집역에서만 사용된 용어이다.

58) 이 구절이 범본 및 다른 역본에서는 다음과 같이 되어 있다.
「이 복의 쌓임은 복의 쌓임이 아니라고 여래께서 말씀하셨습니다. 그래서 여래께서는 복의 쌓임이 많다고 하셨습니다.」

59) **부처님께서 수보리에게 말씀하셨다[佛告須菩提]**: 구마라집역에는 생략되었으나 범본 및 다른 역본에 의거하여 넣었다. 수보리존자의 말과 이어지고 있으므로 부처님의 말씀인 것을 분명하게 구분하기 위해서 넣었다.

60) **사구게송[四句偈]**: 범본에서는 사행의 게송으로 이루어진 것을 말한다. 그러나 이 경에서의 취지는 부처님의 가르침을 받아들여 수행하거나 타인에게 가르쳐 주는 중요성을 일깨우기 위한 뜻이므로, 어느 한 게송으로 고집할 필요는 없겠다. 참고로 금강경을 300송 반야경이라고도 한다.

61) 곧 부처님의 진리 아닌 것을 말함이며: 구마라집역에는 즉비불법(卽非佛
　　法)이나 현장역에는 여래설위비제불법(如來說爲非諸佛法)으로, 의정역
　　에는 여래설비불법(如來說非佛法)으로 되어 있다.

62) 그 표현이 부처님의 진리인 것이니라[是名佛法]: 구마라집역과 보리류지
　　역에는 없으나 범본 및 다른 역본에는 있다. "불법이라고 말한 것은 불법
　　이 아니라고 설명하였다."와 "불법이라고 말한 것은 불법이 아니라고 설
　　명하였으며, 그 표현이 불법인 것이다"를 비교해 보면 시명불법(是名佛
　　法)이 차지하는 중요성을 알 수 있다. 따라서 금강경에서 일관성을 갖는
　　이 표현법을 살리기 위해 범본에 있는 것일 경우는 넣었다.

제 9. 깨달음에는 자취가 없다

63) 수다원[須陁洹]: 성문사과(聲聞四果)의 첫 단계인 스로따아판나(srotā
　　panna)를 소리대로 옮긴 것이다. 이 단계에 이른 사람은 이제 범부 중생
　　들의 세계에서 벗어나 비로소 성자(聖者)들의 무리에 들어갔다고 해서
　　'입류(入流－流는 무리, 경지의 뜻이 있음)'라고 하고, 성자들의 무리에
　　참여하게 되었다고 해서 '예류(預流)'라고도 하며, 한편으로는 생사윤회
　　의 흐름에 따라가지 않는다고 해서 '역류(逆流－흐름에 거슬림)'라고도
　　한다.
　　수다원(須陁洹)의 자전(字典)대로의 발음은 '수타원'이지만 불교 경전
　　에서는 '수다원'으로 읽는다. 뒤에 나오는 사다함(斯陁含)도 마찬가지이
　　다.

64) 사다함[斯陁含]: 성문사과(聲聞四果)의 두 번째 단계인 사끄리다아가민
　　(sakṛdāgamin)을 소리대로 옮긴 말이다. 이 단계에 이른 사람은 사제법
　　(四諦法)의 이치를 명백히 깨달았을 뿐만 아니라, 몸소 수행을 함으로써
　　탐(貪－부질없이 지나친 욕심을 내는 것)·진(瞋－필요 없이 화내는

것)·치(痴─본래의 지혜를 등지고 어둠 속에 사는 것)·만(慢─현재의
자기 자신을 모르는 채로 잘난 듯 뽐내는 것)의 번뇌에서 벗어난 사람이
다. 이 경지에 이르면 인간 세계에 오직 한 번만 더 윤회하고는 다시는 중
생계에 윤회하지 않으므로 '일래(一來)' 혹은 '일왕래(一往來)'라고 한
다.

65) **아나함[阿那含]**: 성문사과(聲聞四果)의 세 번째 단계인 아나아가아민
(anāgāmin)을 소리대로 옮긴 말이다. 이 경지에 이르면 인간으로서는 마
지막 수행을 마치고 모든 욕심에서 벗어나서, 온갖 것이 꿈과 같음을 알고
여러 생 동안 익혀 온 나쁜 버릇이 소멸되어 타락하지 않는 경지이므로,
다음 생에서는 천계(天界)에 태어났다가 열반에 들게 된다. 그러므로 인
간 세계에는 다시 오지 않으므로 '불래(不來)' 혹은 '불환(不還)'이라고
한다.

66) **실제로는 다시 오지 않는다는 생각이 없기 때문입니다**: 이 부분의 구마라
집역은 '이실무래(而實無來─실로 온다는 것이 없다)'이지만, 범본 및 다
른 역본에는 '이실무불래(而實無不來─실로 오지 않는다는 생각이 없
다)'로 불(不)자가 있으며, 뜻으로도 불(不)자가 있어야 한다.

67) **아라한[阿羅漢]**: 성문사과(聲聞四果)의 마지막 단계인 아르한(arhan)을
소리대로 옮긴 것이다. 부처님 당시의 이상적인 수행자상이었고, 부처님
에 대한 칭호 중 하나이기도 했다. 이 경지에 이르게 되면 모든 번뇌의 도
적을 죽였다고 해서 '살적(殺賊)'이라고도 하고, 번뇌의 도적이 없다고
해서 '무적(無賊)'이라고도 하며, 모든 이들로부터 대접받을 수 있다 해
서 '응공(應供)'이라 하고, 다시는 모든 세상에 태어나지 않는다고 해서
'무생(無生)'이라고도 한다.
　수다원, 사다함, 아나함, 아라한을 성문사과(聲聞四果)라고 한다.

68) **평화로운 삶**: 한역의 아란나행(阿蘭那行)은 범어 아라나아─위하아린

(araṇā-vihārin)인데, 이 범어는 무쟁주(無諍住), 무쟁행(無諍行), 무쟁
삼매인(無諍三昧人)으로도 한역되었다. 그러므로 앞의 '다툼 없는 삼매
를 얻은 사람(無諍三昧)'과 '평화로운 삶(阿蘭那行)'은 같은 말이다.

제 10. 불국토 건설은 건설이 아니다

69) **아니옵니다[不也]**: 라집역에는 없으나 범본 및 다른 역본들에는 '아닙니
다(不也)'가 들어 있다. 문맥상으로도 '아닙니다(不也)'가 있어야 자연
스럽다.

70) **건설**: 한역에서 장엄(莊嚴)으로 번역된 위우하(vyūha)에는 교체 · 치
환 · 배치 · 집합 · 집단 등의 뜻이 있고, 엄(嚴), 장어(莊嚴), 엄정(嚴淨)
등으로 한역되었다. 꾸미고 장식하는 뜻도 되지만, 여기서는 건설 · 창출
의 뜻이다.
장엄에는 흔히 세 가지가 있다고 설명된다. 그것은 ① 세간불토장엄(世間
佛土莊嚴) ② 신불토장엄(身佛土莊嚴) ③ 심불토장엄(心佛土莊嚴)이다.

71) **곧 건설 아닌 것을 말씀하심이며**: 구마라집역에서는 즉비장엄(則非莊
嚴—곧 건설이 아니며)이지만, 현장역과 진제역, 의정역에는 모두 '여래
설비장엄(如來說非莊嚴 ~여래께서 건설 아닌 것을 말씀하셨으며)'이다.

72) **부처님께서 큰 몸이라고 하신 것은 곧 큰 몸 아닌 것을 말씀함이오며, 그
표현이 큰 몸이기 때문입니다[佛說大身 卽非大身 是名大身]**: 구마라집역
에는 '불설비신 시명대신(佛說非身 是名大身—부처님께서는 몸 아닌 것
을 설하시어 그 이름이 큰 몸이라고 하셨기 때문이다)'으로 되어 있으나,
범본 및 다른 역본에 의거 구마라집 스님의 번역 형식으로 다시 구성하면
'불설대신 즉비대신 시명대신(佛說大身 卽非大身 是名大身)'이 된다.

73) **갠지스(Ganges) 강[恒河]:** 한역의 '항하(恒河)'는 강가(Ganga-갠지스는 서양식 표현)를 소리대로 옮긴 것이다. 인도인들에게 '강가(Ganga)'는 신성한 강으로 여겨지고 있다. 그들은 강가(Ganga)에서 목욕하는 것만으로도 죄업이 소멸된다고 생각하며, 사람이 죽으면 화장을 한 재나 시체를 강에 버린다. 강물이 비록 더러워도 성수(聖水)라 하여 그 물을 가져다 마신다고 한다.

74) **베푼다면[布施]:** 금강경에서의 보시(布施)는 그 대상이 부처님이시다. 범본 및 다른 역본에서는 분명하게 명시했으나 구마라집역에서는 보시의 대상이 없다.

75) **사리탑[塔廟]:** 범어 짜이뜨야(caitya)는 탑(塔), 탑묘(塔廟), 묘(廟), 영묘(靈廟), 지제(支提) 등으로 한역되었다. 쉽게 전달하기 위해 '사리탑'으로 옮겼다. 흔히 스뚜우빠(stūpa)는 사리를 모신 곳으로 보고, 짜이뜨야(caitya)는 사리나 불상을 모신 예배당으로 보기도 한다.

76) **지혜의 완성[般若波羅蜜]:** 범본에는 '쁘라즈냐아빠아라미따아(Prajñā pāramitā-지혜의 완성)'로 되어있다. 진제역, 달마급다역과 의정역에는 범본을 그대로 따라서 반야바라밀(般若波羅蜜)로 옮겼고, 구마라집역과 보리류지역에는 금강반야바라밀(金剛般若波羅蜜)로 옮겼으며, 현장역에는 능단금강반야바라밀(能斷金剛般若波羅蜜)로 옮겼다.

77) **그 표현이 지혜의 완성이기 때문이니라[是名般若波羅蜜]:** 이 구절은 구

마라집역에는 없다. 범본과 현장역, 달마급다역에 의거하여 넣었다.

78) **서른두 가지 훌륭한 모습[三十二相]:** 부처님께서는 일반 사람들과 다른 서른두 가지 훌륭한 모습을 갖추고 있다고 함. 흔히 여든 가지 뛰어난 모습과 더불어 32상 80종호라고 함. 범본 및 다른 역본에는 삼십이대사부상(三十二大士夫相), 삼십이대인상(三十二大人相), 삼십이장부상(三十二丈夫相)으로 나온다. 이는 '서른두 가지 위대한 사람의 특징' 이라는 뜻이다.

79) **법문:** 범본의 드하르마빠르야아야(dharmaparyāya)는 '법문(法門)' 으로 더 많이 한역된 용어이다. 구마라집 스님은 경(經)으로 번역했으나, 여기에서는 법문(法門)으로 옮기는 것이 더 적절한 것 같다.

80) **진실한 지견:** 구마라집 스님이 실상(實相)으로 옮긴 브후우따-삼즈냐아(bhūta-samjñā)는 다른 역본에서는 진실상(眞實想)으로 한역되었다. 우리말로는 '진실한 지견' 으로 옮긴다.

81) **모든 부처님이란 일체의 관념으로부터 벗어난 분들을 표현한 것이기 때문입니다:** 구마라집 스님이 번역한 이일체제상 즉명제불(離一切諸相 則名諸佛) 한문 그대로를 번역하면 '일체 모든 관념을 떠난 이를 모든 부처님이라 표현한다' 가 되어 좀 어색하다. 범본 및 현장역과 진제역을 참고로 번역하였다.
현장역 - 제불세존이일체상작시어이(諸佛世尊離一切想作是語已-모든 부처님 세존은 일체의 관념을 떠난 이를 말한 것이다)
진제역 - 제불세존해탈제상진무여고설시언이(諸佛世尊解脫諸想盡無餘故說是言已-모든 부처님 세존은 모든 관념으로부터 남김없이 다 해탈하셨기에 일컫는 것이다)

82) **최고의 완성**: 구마라집역의 제일바라밀(第一波羅蜜)은 범어 빠라마-빠아라미따아(parama-pāramitā)를 옮긴 것이다. 빠라마(parama)에는 '최고의·가장 뛰어난·궁극적인' 등의 뜻이 있으며, 최고(最高)·최상(最上)·극(極)·최극(最極)·제일(第一) 등으로 한역되었다. 따라서 6바라밀의 순서와는 아무런 관련이 없다.

83) **인욕[忍辱]**: 범어 끄사안띠이(kṣānti)를 옮긴 말로 '마음을 편안히 가라앉혀서 욕됨을 포용한다'는 뜻이다. 그것은 수행뿐만 아니라 일상생활에 있어서도 그만큼 어려움이 많기 때문이다. 행복이란 쉽게 얻어지는 것이 아니다. 수많은 고난과 욕됨을 잘 참아 나갈 때 즐거움이 나타나게 된다. 참다운 인욕은 모든 차별이 다 없어지고 진실로 모든 것이 평등해져서, 사상(四相)이 없어진 것이다. 따라서 인욕은 그냥 억지로 참는 것이 아니라 자비로 포용하는 것이다.

84) **믿는 마음으로 비방하지만 않더라도**: 구마라집역에는 '신심불역(信心不逆-믿는 마음으로 거슬리지 않으면)'이나 범본이나 다른 역본에는 모두 '비방하지 않는다면'으로 되어 있다. 현장역에는 '불생비방(不生誹謗)'으로, 보리류지역에는 '신심불방(信心不謗)'으로, 진제역에는 '불기비방(不起誹謗)'으로, 의정역에는 '불생훼방(不生毀謗)'으로 되어 있다.

85) **여래의 깨달음**: 구마라집역의 여래아누다라삼먁삼보리(如來阿耨多羅三藐三菩提)는 범본에 보드히(bodhi-깨달음)로 되어 있다. 달마급다역은 충실하게 '보리(菩提)'로 옮겼고, 진제역은 '무상보리(無上菩提)'로, 의정역은 '여래무상보리(如來無上菩提)'로, 현장역은 '여래무상정등보리(如來無上正等菩提)'로 옮겼으며, 보리류지역은 구마라집역과 동일하다. 여기서 '깨달음'이라 한 것은 '부처님의 깨달음'을 가리킨다.

86) **믿고 받아들이는 능력이 부족한 중생**: 구마라집역에서 '작은 법을 좋아하는 자(樂小法者)'는 범본 '히나-아드히무띠까이흐삿뜨와이흐(hina-adhimutikaiḥsattvaiḥ)'를 옮긴 것이다. 히나(hina)는 '부족·결핍'의 뜻이고, 아드히무띠까(adhimutika)는 신(信)·신심(信心)·신해(信解)·욕락(欲樂)·희(喜) 등으로 한역된 말이다. 현장 스님은 직역하여 하열신해유정(下劣信解有情)이라고 하였다. '믿고 받아들이는 능력이 부족한 중생'이라는 뜻이 된다.

제 16. 업으로 인한 장애를 밝히는 법

87) **업[業]**: 범어 까르마(karma)의 번역으로 '의지 및 의지가 수반된 행위'라고 풀이할 수 있다. 이 업(業)은 반드시 어떤 결과를 향해 나아가게 되는 추진력이라 할 수 있으며, 그렇기 때문에 좋은 일을 한 사람은 즐거운 대가를 받게 되고 나쁜 일을 한 사람은 괴로운 과보를 받게 된다.

88) **여래의 깨달음**: 구마라집역본의 아누다라삼먁삼보리(阿耨多羅三藐三菩提)는 붓드하-보드히(Buddha-bodhi)를 옮긴 것이다. 달마급다역은 충실하게 불보리(佛菩提)로 옮겼고, 의정역은 보리(菩提)로, 현장역은 무상정등보리(無上正等菩提)로 옮겼으며, 보리류지역과 진제역은 구마라집역과 같다. 원래의 뜻은 '부처의 깨달음'이지만, 독송을 부드럽게 하기 위해 '여래의 깨달음'으로 옮겼다.

89) **아승기겁[阿僧祇劫]**: 아삼캬-깔빠(asamkhya-kalpa)를 소리대로 옮긴 것으로, $10^{59} \times$ 겁(劫)의 상상할 수 없이 긴 세월, '아승지겁'이라고 읽기도 한다.
겁(劫 : kalpa)은 무한히 긴 시간을 가리킨다. 지도론(智度論)에는 일명 개자겁(芥子劫)과 반석겁(磐石劫)이라고 일컬어지는 설명이 있다.
개자겁(芥子劫) – ~사방 사십 리의 성안에 개자를 가득 채우고 백년마다 한 알씩 집어내어 다 없어져도 1겁에는 모자란다.

반석겁(磐石劫) - ~사방 둘레 사십 리의 큰 바위를 백년에 한 번씩 얇은
옷을 스쳐 닳아 없어져도 1겁에는 모자란다.

90) **연등불[燃燈佛]**: 범어로는 디이빵까라 붓드하(Dipaṁkara Buddha)이다.
석가여래께서 전생에 수행할 때 이 부처님을 만나 일곱 송이 연꽃(두 송
이는 처녀의 몫)을 바치고 또 머리털을 풀어 진흙탕 길을 부처님께서 밟
고 지나가게 함으로써, 미래에 성불할 것이라고 예언을 받게 된다.

91) **나유타[那由他]**: 나유따(nayuta)를 소리대로 옮긴 것이다. 10^{11}의 수
(100,000,000,000) 즉 '천억' 쯤 된다.

92) **말법 세상[末世]**: 사람의 덕은 가벼워지고 때는 덕지덕지 끼어 질투하고
삿된 생각을 일삼기 때문에 말세라고 한다. 다시 말해 환경이나 분위기가
험악해서 말세라고 하는 것이 아니라, 사람들의 마음 씀씀이가 혼탁한 수
준이기 때문에 말세라고 한다.

제 17. 끝끝내 '나'라고 할 것이 없다

93) **보살의 삶**: 구마라집역에는 아누다라삼먁삼보리(阿耨多羅三藐三菩提)로
되어 있으나 범본에는 보드히삿뜨와-야아나(bodhisattva-yāna)이다.
현장역과 달마급다역과 의정역에는 보살승(菩薩乘)으로 되어있고, 보리
류지역과 진제역은 구마라집역과 동일하다. 원래의 뜻을 살렸다.

94) **수행해야[云何修行]**: 구마라집역본에는 없으나 범본 및 다른 모든 역본
에 따라 이 구절을 넣었다.

95) **보살의 삶**: 구마라집역에는 아누다라삼먁삼보리(阿耨多羅三藐三菩提)로
되어 있으나 범본에는 보드히삿뜨와-야아나(bodhisattva-yāna)이다.
현장역과 달마급다역과 의정역에는 보살승(菩薩乘)으로 되어있고, 보리

류지역과 진제역은 구마라집역과 동일하다. 원래의 뜻을 살렸다.

96) **깨달아 얻은 법**: 구마라집역에는 아누다라삼먁삼보리(阿耨多羅三藐三菩提)로 되어 있으나 범본에는 아드히삼붓드하(abhisaṃbuddha)이다. 이 말은 각(覺)·소각(所覺)·현증등각(現證等覺)·성등정각(成等正覺)·성불(成佛) 등 다양하게 한역(漢譯)되었다. 원래의 뜻을 살렸다.

97) **수기 [授記]**: 범어는 브야아까라나(vyākaraṇa)로 기(記)·답(答)·결(決)·수기(受記)·수기(授記)·기별(記莂)·수기별(授記莂) 등으로 한역(漢譯)되었다. 부처님께서 제자에게 미래에 성불할 것임을 예언해 주는 것을 뜻한다.

98) **곧 부처를 비방하는 것이 되나니, 내가 말한 참된 뜻을 모르기 때문이니라 [卽爲謗佛 不能解我所說故]**: 라집역본에는 없는 부분이다. 그러나 비설소설분 제 21에서 위와 같이 번역한 범본의 문장이 이곳에도 분명히 있다. 그럼에도 번역문이 빠진 것은 전승되는 과정에서의 실수로 보인다. 범본의 내용을 살려 한역(漢譯)을 하고 우리말로 옮겼다.

99) **모든 법에 실체가 없음을 확실히 깨닫는 사람이라면 [通達無我法者]**: 범본에는 nirātmāno dharmā nirātmāno dhatmāity adhimucyate로 되어 있는데, '법에는 자아가 없다, 법에는 자아가 없다고 믿는 것'이라는 뜻이다. 진제역에는 신견제법무아제법무아(信見諸法無我諸法無我)로, 의정역에는 신해일체법무성일체법무성자(信解一切法無性一切法無性者)로 번역하여 범본에 충실하였다.

제 18. 하나의 몸 같은 지혜

100) **육체의 눈 [肉眼]**: 중생들의 신체에 있는 눈이다. 이것은 형상을 보는 것으로서 가까운 것은 보되 먼 곳은 보지 못하고, 낮에는 보되 밤에는 보지 못

하며, 앞은 보되 뒤는 보지 못한다.

101)**하늘의 눈[天眼]** : 세상의 이치를 파악한 눈으로, 자연의 질서 등을 파악하고 있으나 아직 지혜의 경지까지는 이르지 못한 안목이다.

102)**지혜의 눈[慧眼]** : 형상을 보되 그 모양에 속지 않고 내면의 참된 질서와 이치를 환하게 꿰뚫어 아는 눈으로서, 모든 것이 마음의 그림자임을 알아 다시는 어리석은 생각을 내지 않는 지혜이다.

103)**진리의 눈[法眼]** : 지혜에서 한걸음 더 나아가 인연 있는 중생들을 바르게 제도해 가는 자비의 눈이다. 그 경지에서는 모든 중생에게 본래로 참된 성품이 있음을 알아 어리석음의 세계에서 벗어나게 하는 눈이다.

104)**부처의 눈[佛眼]** : 완벽한 깨달음의 눈이다. 우리의 본 성품이 항상 뚜렷이 밝아 이 우주에 가득하고, 이 세상 모든 것이 진실된 것을 보는 눈이며, 참으로 부처와 중생이 둘이 아니고, 참된 생명은 결코 더럽혀지지 않음을 자각한, 원만히 이루어진 자리이다.

제 19. 법계를 모두 교화하는 법

105)**칠보[七寶]** : 금 · 은 · 유리 · 마노 · 자거 · 산호 · 진주의 일곱 가지 보배로 경전에 따라 약간씩 다르다.

106)**인연[因緣]** : 결과를 일으키는 직접적인 원인을 인(因)이라 하고, 결과로 이르는 데 보조적인 역할을 하는 것을 연(緣)이라 한다.

제 20. 육신과 상호만으로는 여래를 볼 수 없다

107)**원만한 몸[具足色身]** : 모든 장점을 다 갖춘 육신이라는 뜻이다. 중생들이

눈으로 볼 수 있는 모양을 갖춘 육신을 색신(色身)이라 하며, 이와 반대로 중생의 눈으로는 볼 수 없는 절대의 모습을 '진리의 몸' 즉 법신(法身)이라고 한다. 그러나 법신(法身)은 형상이 아니다.

108) 모든 상호[諸相] : 일반적으로는 '온갖 모습'이라는 뜻으로 쓰이지만, 이곳에서는 부처님의 모든 상호(相好), 즉 32상 80종호를 일컫는 말이다. 32상은 특별히 뛰어난 서른두 가지 훌륭한 모습이고, 80종호(八十種好)는 잘 드러나지 않지만 부처님께 갖추어져 있는 여든 가지 훌륭한 몸매의 특징이다.

제 21. 설한 것은 설함이 아니다

109) **혜명 [慧命]** : 수보리존자의 호칭 중 하나이다. 수보리존자는 부처님의 가르침에 따라 공(空)의 이치를 깨달았기 때문에 해공 제일(解空第一-공의 이치를 아는 데 으뜸)이라는 칭호를 들었는데, 그 공(空)으로부터 나타나는 지혜를 생명으로 하였다고 하여 혜명(慧命-지혜의 생명)이라고 불리기도 한다.

제 22. 얻을 수 있는 진리가 없다

110) 무법가득분의 내용을 범본 및 다른 한역에서 확인해 보면 모두 동일하게 '부처님의 질문 - 수보리의 답 - 부처님의 설명'으로 진행된다. 따라서 구마라집역본은 전승되는 과정에서 잘못된 것으로 볼 수밖에 없다. 그러므로 범본을 그대로 직역한 보리류지역본을 참고로 문장을 다시 배열하였다. 고려대장경 구마라집역본대로 번역하면 다음과 같다.
「수보리가 부처님께 사뢰어 말씀드렸다. "세존이시여, 부처님께서 가장 높고 바르며 원만한 깨달음을 얻은 것은 얻은 것이 없는 것입니까?" 부처님께서 말씀하셨다. "옳고 옳다. 수보리여, 내가 가장 높고 바르며 원만한 깨달음에서 이에 어떠한 법도 얻을 수 없으니, 그 표현이 가장 높고 바르며 원만한 깨달음이니라."」

111)옳고 옳도다[如是如是]: '그와 같고 그와 같다', '그렇고 그렇다'고 풀이
할 수 있지만, 흔히 기쁜 마음으로 긍정할 때 쓰이는 말이므로 '옳고 옳
다'로 해석하는 것이 좋다.

제 23. 맑은 마음으로 좋은 법을 실천하라

제 24. 복과 지혜는 견줄 수 없는 것

제 25. 교화하되 교화된 중생이 없다

112)여래에게 곧 나에 대한 집착, 사람에 대한 집착, 중생에 대한 집착, 목숨에
대한 집착이 있게 되는 것이니라: 구마라집역을 그대로 옮기면 '여래에게
곧 나와 사람과 중생과 목숨이 있는 것이다(如來則有我人衆生壽者).'가
된다.
우리말로 옮기면서 범본의 sa eva tathāgatasya ātmagraho bhaviṣyat,
sattvarāho jīvagrāhaḥ pudglagrāho bhaviṣat의 뜻을 옮겼다. 현장 스님
은 '여래즉응유기아집 유유정비 유명자집 유사부집 유보특가라등집(如
來卽應有其我執　有有情執　有命者執　有士夫執　有補特伽羅等執)'으로
번역했고, 진제 스님은 '즉시아집 중생집 수자집 수자집(卽是我執　衆生
執　壽者執　受者執)'으로 번역했다.

113)그 표현이 범부인 것이니라[是名凡夫]: 구마라집역에는 없으나 범본 및
다른 역본에 모두 있으므로 넣었다.

제 26. 여래의 참모습은 상호가 아니다

114)법신비상분 제이십육의 내용을 범본 및 다른 5역본과 비교해 보면 구마라
집역과 다르게 되어 있다. 즉 구마라집역에는 수보리존자가 일관되게 지
혜로운 모습을 보여 오다가 바로 이곳에서 어리석은 답을 하였고 부처님

의 지적에 따라 바로잡는 형식으로 되어 있으나, 범본은 말할 것도 없고 다른 5역본에서도 처음부터 수보리존자가 적절한 답을 했고, 부처님이 그 것을 인정하셨다. 이 부분도 전승되는 과정에서 생긴 오류라고 보이므로 문장을 다시 배열하였다. 원래의 경문대로 번역하면 다음과 같다.

「수보리여, 그대의 생각에는 어떠한가? 서른두 가지 훌륭한 모습을 갖추 었다고 여래라고 볼 수 있겠느냐? 수보리가 말씀드렸다. 그렇습니다, 그 렇습니다. 서른두 가지 훌륭한 모습으로 여래라고 볼 수 있습니다. 부처님 께서 말씀하셨다. 수보리여, 만약 서른두 가지 훌륭한 모습으로써 여래라 고 볼 수 있다면 전륜성왕도 곧 여래일 것이니라. 수보리가 부처님께 사뢰 어 말씀드렸다. 제가 여래께서 말씀하신 뜻을 이해하기로는 서른두 가지 훌륭한 모습으로는 여래라고 볼 수 없습니다. 그때에 세존께서 게송으로 말씀하셨다.

　　　만약 모양으로 나를 보려거나
　　　도는 음성으로써 나를 찾으면
　　　이 사람은 그릇된 길 가는지라
　　　능히 여래를 보지 못하리로다.」

115) **전륜성왕**[轉輪聖王]: 인도 전래의 전설적인 왕으로 무력을 사용하지 않 고 천하를 통일하여 평화롭게 다스릴 수 있는 능력이 있다고 한다. 부처님 과 같이 32상 80종호를 갖추었다고 말해진다.

116) 범본을 그대로 따르자면 이 부분 다음에 '수보리 백불언 여아해불소설의 불응이삼십이상관여래(須菩提 白佛言 如我解佛所說義 不應以三十二相 觀如來)'가 더 있어야 한다. 그러나 구마라집 스님의 번역 방식으로는 바 로 앞의 똑같은 구절을 중복하지 않는다.

117) 범본 및 다른 한역에서는 또 하나의 게송이 있는데, 한역본마다 각각 다르 게 표현하였다. 그 중에서 진제 스님이 번역한 것을 소개한다.
　　　법으로써 마땅히 부처를 보라　　　　　由法應見佛

조어사는 법으로 몸을 삼느니라.　　　　調御法爲身
이 법은 대상으로 아는 것이 아니니　　　此法非識境
법은 매우 깊어 보기 어려우니라.　　　　法如深難見

118) **훌륭한 모습을 갖춤으로 해서[以具足相故]**: 구마라집역에는 불이구족상
　고(不以具足相故−훌륭한 모습을 갖추지 않았기 때문에)로 되어 있으나
　범본 및 다른 한역에는 불(不)자가 없다. 부처님의 깨달음은 32상을 갖추
　었기 때문에 가능했던 것이 아니다. 앞의 제 26분에서도 확실히 짚었던
　사실이다. 그러나 뒤의 단멸상(斷滅相)에 대한 설명 때문에 다시 한 번 대
　비시킨 것이다.

119) **보살의 삶**: 구마라집역에는 아누다라삼먁삼보리(阿耨多羅三藐三菩提)로
　되어 있으나 범본에는 보드히삿뜨와−야아나(bodhisattva−yāna)이다.
　현장역과 달마급다역과 의정역에는 보살승(菩薩乘)으로 되어있고, 보리
　류지역과 진제역은 구마라집역과 동일하다. 원래의 뜻을 살렸다.

120) **모든 존재[諸法]**: 여기에서의 ‘존재’란 형상으로 나타나는 것만을 가리
　키는 것이 아니라 관념적인 것까지 포함한 것이다.

121) **보살의 삶**: 구마라집역에는 아누다라삼먁삼보리(阿耨多羅三藐三菩提)로
　되어 있으나 범본에는 보드히삿뜨와−야아나(bodhisattva−yāna)이다.
　현장역과 달마급다역과 의정역에는 보살승(菩薩乘)으로 되어있고, 보리
　류지역과 진제역은 구마라집역과 동일하다. 원래의 뜻을 살렸다.

122) **무아[無我]**: ‘나’가 없다는 뜻이다. 여기서 ‘나’라는 것은 불변의 개체를

이야기하는 것이다. 즉 모든 것은 인연이 모였다 흩어졌다 함에 따라 어떤 모양, 어떤 관념이 생기기도 하고 사라지기도 하는 것으로, 고정불변의 요소가 있는 것이 아니라는 것을 말한다.

123) **생사가 없는 깨달음을 이루면[得成於忍]** : 진제역에서는 득무생인(得無生忍)으로 되어 있다.
　　인(忍)은 범어 끄사안띠(ksānti)를 옮긴 것으로 두 가지 해석이 가능하다. ① 인욕(忍辱)의 뜻이 있다. 즉 모든 것을 포용하여 언제나 마음이 편안한 경지에 머무는 것을 뜻한다. ② '깨달음의 경지'를 이르는 말이다. 진리를 깨달아 고요하고 평화롭게 된 마음의 경지로, 흔히 나고 죽음의 경지를 초월한 진리의 세계를 깨달은 상태라 하여 '무생법인(無生法忍)'이라고 한다.

124) **보살은 지은 복덕에 탐내거나 집착하지 않으므로, 이런 까닭에 복덕을 받지 않는다고 하느니라[菩薩 所作福德 不應貪着 是故 說不受福德]** : 다른 역본의 뜻을 정리하면「보살이 복덕을 받음에 탐착하지 않으므로 복덕을 받는다고 표현하느니라.」로 되어 있다. 역문은 각기 다르므로 생략한다.

제 29. 부처님의 모습은 고요하고 평화롭다

제 30. 실체는 관념들의 집합이 아니다

제 31. 지견을 내지 않아야 한다

125) **아니옵니다[不也]** : 라집역에는 없으나 범본 및 다른 역본에 의거하여 불야(不也)를 넣고 우리말로 옮겼다.

126) **보살의 삶** : 구마라집역에는 아누다라삼먁삼보리(阿耨多羅三藐三菩提)로 되어 있으나 범본에는 보드히삿뜨와-야아나(bodhisattva-yāna)로 되어 있다. 현장역과 달마급다역과 의정역에는 보살승(菩薩乘)으로 되어 있고,

보리류지역과 진제역은 구마라집역과 동일하다. 원래의 뜻을 살렸다.

127) **한량없는[無量]**: 흔히 무량(無量)을 '한량없는' 으로 풀이하지만, 인도의
숫자 단위에 속한다. '무량' 은 아승기 다음의 단위로 「아승기×아승기×
아승기×아승기」의 수라고 설명된다.
아승기(阿僧祇)를 스님들은 '아승지' 로도 발음해 왔다. 인도 십진법으로
제52수(10^{52}) 혹은 제60수이다.《화엄경》 아승지품에서는 제105수로 설
명하고 있다.

128) **관념에 집착하지 아니하면 한결같이 할 수 있으리라[不取於相 如如不
動]**: 이 부분에 대한 현장스님의 번역을 보면 '차경여무소현설 고언현설
(此經如無所顯說 故言顯說)' 로 되어 있고, 범본의 뜻은 '가르쳐 주지 않듯
이 가르쳐 주어야 한다. 그런 까닭에 가르친다고 표현한다.' 로 되어 있다.

129) **비구 · 비구니 · 우바새 · 우바이[比丘 比丘尼 優婆塞 優婆夷]**: 대승불교
가 이루어졌을 때 출가 승단과 재가 신도의 공동체를 이루게 되는데, 이때
출가한 남자 스님, 여자 스님 그리고 남자 신도, 여자 신도를 가리켜 사부
대중(四部大衆)이라 한다. 범어 브힉수(bhiksu), 브힉수니(bhiksuni), 우
빠아사까(upāsaka), 우빠아시까(upasika)를 소리대로 옮긴 것이다. 우바
새는 청신사(淸信士)로 번역되었고, 우바이는 청신녀(淸信女)로 번역되
었다.

130) **천신 · 사람 · 아수라[天人阿修羅]**: 윤회하는 여섯 세계 중에서 좋은 편에
속하는 세 가지 세계라 하여 삼선도(三善道)라 한다. 부처님의 가르침을
받아들여 수행하기에도 수월한 편이라고 한다. 이 외에도 축생 · 아귀 · 지
옥을 좋지 못한 곳이라 하여 삼악도(三惡道)라고 한다.

131) 불[佛]: 범본에는 브하가와안(Bhagavān)으로 되어 있으니, 세존(世尊)으로 한역(漢譯)되어야 한다.

132) 사위국[舍衛國]: 부처님 당시 인도 중부에 있던 Kosala 국의 수도인 Śrāvastī로 엄격히 하자면 사위성(舍衛城)이라 해야 한다.

133) 아누다라삼먁삼보리[阿耨多羅三藐三菩提]: 범본에는 bodhisattva-yāna로 되어 있고 현장역, 달마급다역, 의정역에서는 보살승(菩薩乘)으로 되어 있다. 오랫동안 독송하며 익숙해진 것이기에 그대로 두기로 한다.

134) 운하수행[云何修行]: 범본 및 다른 다섯 역본에는 應云何住 云何修行 云何降伏其心이다.

135) 여금제청[汝今諦聽]: '諦聽'은 字典에서의 발음은 '체청'이지만 금강경 독송에서는 '제청'으로 읽는 것이 관행이다.

136) 여시수행[如是修行]: 구마라집본에는 없으나 범본 및 다른 역본에 의거하여 넣었다.

137) 원요욕문[願樂欲聞]: 樂의 뜻이 '기꺼이'로 될 때는 '요'로 읽는다.

138) 마하살[摩訶薩]: 訶는 '꾸짖을 가'로 읽지만, 摩訶는 '마하'로 摩訶薩은 '마하살'로 읽어야 한다.

139)항복기심[降伏其心]: 범본에는 '마음을 일으켜야 한다'로 되어 있고 현장
본에는 發起如是之心, 보리류지역과 의정역에는 生如是心, 진제역에는 如
是發心이라 되어 있다.

妙行無住分 第四

140)보살어법[菩薩於法]: 法은 범어 vastu를 번역한 것인데, vastu는 物·
事·法·諸法·事物 등으로 번역되었다. 그러므로 이때의 法은 dharma
와는 완전히 다른 것이다.

141)응무소주 행어보시[應無所住 行於布施]: 진제역은 不着已類而行布施로
되어 있다. '집착하지 않고 베푼다'로 옮길 수 있다.
住에 해당되는 범어 pratiṣṭhā는 住·所住·依止·依處·所依·着 등으
로 한역되었다.
布施에서 布는 '베 포, 펼 포'로 읽지만, '베풀다'는 뜻인 布施는 '보시'로
읽는다.

142)부주어상[不住於相]: 相은 nimitta-saṃjñā를 한역한 것으로 다른 역본에
는 相想으로 한역되었다. nimitta는 목적·목표·상징·이유·동기·수
단 등의 뜻이 있고, 相·瑞相·標相·事·像·義·因 등으로 한역되었다.

143)가사량부[可思量不]: 이때의 不는 '아닌가 부'로 읽고, '아닌가?'로 풀이
되는 의문의 미정사(未定辭)이다. 따라서 '헤아릴 수 있는가?'로 번역하
면 된다.

144)수보리 보살단응여소교주[須菩提 菩薩但應如所教住]: 범본이나 다른 역
본에는 없는 구절이다.

145) **이신상[以身相]**: 현장역 - 以諸相具足, 보리류지역 - 以相成就, 진제역
- 以身相勝德, 달마급다역 - 相具足, 의정역 - 以具足勝相

146) **즉[則]**: 금강경에는 則자와 卽자가 빈번하게 사용되었는데, 유통되는 금
강경에서는 대체로 卽자로 바뀌어 있다. 고려대장경에 의거 則자로 사용
된 곳은 바로잡았다.

147) **언설장구[言說章句]**: 범본 및 다른 역본에서는 '경전의 구절(經章句)'이
라고 되어 있다.

148) **후오백세[後五百歲]**: 현장역, 달마급다역 - 於當來世後時後今 後五百世
正法將滅時, 보리류지역 - 於未來世 末世, 의정역 - 當來世 後五百世
正法滅時

149) **차장구[此章句]**: 다른 역본에는 此經章句 혹은 此經典으로 되어 있다.

150) **여래실지실견[如來悉知悉見]**: 현장본에는 '如來以其佛智悉已知彼 如來
以其佛眼悉已見彼'로 범본의 뜻에 충실하게 따랐다.

151) **하이고[何以故]**: 구마라집역본에는 若取非法相 앞에 두었으나 범본 및
현장역, 급다역, 의정역에는 若取法相 앞에 두어 若取法相 卽着我人衆生
壽者 若取非法相 卽着我人衆生壽者의 대비되는 문장을 함께 받도록 하
였다. 내용상으로도 앞에 두는 것이 적합하다. 만약 何以故 若取非法相~
이라면 뒷 부분이 앞 부분의 이유가 되어야 하나 앞뒤의 문장 전체가 是諸
衆生 若心取相 則爲着我人衆生壽者를 설명하고 있는 것이므로 何以故

를 若取法相 앞에 두어 전체를 받아야 한다. 라집역은 필사로 전승되는 과정에서 뒤바뀐 것으로 보인다.

152) **개이무위법 이유차별**[皆以無爲法 而有差別]: 현장역 – 皆是無爲之所顯故, 보리류지역 – 皆以無爲法得名, 진제역 – 皆以無爲眞如所顯故, 달마급다역 – 無爲法顯明, 의정역 – 皆以無爲所顯現

153) **복덕성**[福德性]: 구마라집 역본에만 있는 용어이다.

154) **불고수보리**[佛告須菩提]: 구마라집역에는 없으나 범본 및 다른 역본에 의거하여 넣었다. 수보리존자의 말과 이어지고 있으므로 부처님의 말씀인 것을 분명하게 구분하기 위해서 넣는 것이 좋다.

155) **즉비불법**[卽非佛法]: 현장역 – 如來說爲非諸佛法, 의정역 – 如來說非佛法

156) **시명불법**[是名佛法]: 구마라집역과 보리류지역에는 없으나 범본 및 다른 역본에는 있다. "불법이라고 말한 것은 불법이 아니라고 설명하였다."와 "불법이라고 말한 것은 불법이 아니라고 설명하였으며, 그 표현이 불법인 것이다"를 비교해 보면 是名佛法이 차지하는 중요성을 알 수 있다. 따라서 금강경에서 일관성을 갖는 이 표현법을 살리기 위해 범본에 있는 것일 경우는 넣도록 한다.

157) **수다원[須陁洹]**: 자전(字典) 대로의 발음은 '수타원'이지만 불교 경전에서는 '수다원'으로 읽는다. 다는 陀(비탈질 타)의 속자로 고려대장경을 따랐다. 뒤에 나오는 사다함(斯陁含)도 마찬가지이다.

158) **이실무불래[而實無不來]**: 구마라집역에는 而實無來이지만 범본 및 다른 역본에 不자가 있으며, 뜻으로도 不자가 있어야 한다.

159) **아란나행[阿蘭那行]**: 범어로는 araṇā-vihārin인데, 無諍住, 無諍行, 無諍 三昧人으로 한역되었다. 그러므로 앞의 無諍三昧와 阿蘭那行은 같은 말이다.

160) **불야세존[不也世尊]**: 구마라집역에는 '世尊'으로 되어 있으나 범본 및 다른 역본들에는 '不也'가 들어 있다. 문맥상으로도 '不也'가 있어야 자연스럽다.

161) **즉비장엄[則非莊嚴]**: 현장역, 진제역, 의정역에는 모두 '여래설비장엄(如 來說非莊嚴 ~여래께서 장엄이 아니라고 말씀하셨으며)이다.

162) **불설대신 즉비대신 시명대신[佛說大身 卽非大身 是名大身]**: 구마라집역 에는 '佛說非身 是名大身'으로 되어 있으나, 범본 및 다른 역본에 의거 구마라집 스님의 번역 형식으로 다시 구성하였다.

163) **금강반야바라밀[金剛般若波羅蜜]**: 구마라집역과 보리류지역에는 金剛般若波羅蜜이나 범본에는 Prajñāpāramitā이다. 진제·급다·의정역은 범본을 그대로 따라서 般若波羅蜜로 옮겼고, 현장역은 能斷金剛般若波羅蜜이다.

164) **시명반야바라밀[是名般若波羅蜜]**: 구마라집역에는 없으나 범본과 현장역, 달마급다역에 의거하여 넣었다.

離相寂滅分 第十四

165) **이일체제상 즉명제불[離一切諸相 則名諸佛]**: 한문 그대로를 번역하면 뜻이 어색하다. 현장역과 진제역이 범본에 가깝다.
현장역 － 諸佛世尊離一切想作是語已
진제역 － 諸佛世尊解脫諸想盡無餘故說是言已

166) **즉비제일바라밀[卽非第一波羅蜜]**: 구마라집역에는 卽자가 없으나 현장역에는 卽자가 있다. 독송에서의 운율을 중시한 구마라집역의 형식으로는 卽자가 있는 것이 더 좋다고 생각하여 넣었다.

167) **여래소득법 차법 무실무허[如來所得法 此法 無實無虛]**
류지역 － 如來所得法 所說法 無實無妄語.
진제역 － 如來所覺是法 所說是法 非實非虛.
현장역 － 如來現前等所證法 或所說 或所思法 卽於其中 非諦非妄.
의정역 － 如來所證法 及所說法 此卽非實非妄.

168) 신심불역 [信心不逆]: 범본이나 다른 역본에는 모두 '비방하지 않는다면'으로 되어 있다. 현장역―不生誹謗, 류보리지역―信心不謗, 진제역―不起誹謗, 의정역―不生毁謗.

169) 여래아누다라삼먁삼보리 [如來阿耨多羅三藐三菩提]: ~범본에서는 bodhi로 되어 있다. 달마급다역은 충실하게 '菩提'로 옮겼고 진제역은 '無上菩提'로, 의정역은 '如來無上菩提'로, 현장역은 '如來無上正等菩提'로 옮겼다.

170) 약요소법자 [若樂小法者]: hina-adhimutikaiḥsattvaiḥ를 옮긴 말이다. hina는 부족·결핍의 뜻이고, adhimutika는 信·信心·信解·欲樂·喜 등으로 한역되었다. 현장역에서는 직역하여 下劣信解有情이라고 하였다. '믿고 받아들이는 능력이 부족한 중생' 이라는 뜻이다.

171) 아누다라삼먁삼보리 [阿耨多羅三藐三菩提]: 범본에는 Buddha-bodhi이다. 달마급다역은 충실하게 佛菩提로 옮겼고, 의정역은 菩提로, 현장역은 無上正等菩提로 옮겼다. 오랫동안 독송하며 익숙해진 것이기에 그대로 두기로 한다.

172) 아누다라삼먁삼보리 [阿耨多羅三藐三菩提]: 범본에는 bodhisattva-yāna로 되어 있고 현장역, 달마급다역, 의정역에서는 보살승(菩薩乘)으로 되어 있다. 오랫동안 독송하며 익숙해진 것이기에 그대로 두기로 한다.

173) 운하수행[云何修行]: 구마라집역에는 없으나 범본 및 다른 모든 역본에
따라 이 구절을 넣었다.

174) 발아누다라삼먁삼보리[發阿耨多羅三藐三菩提]: 阿耨多羅三藐菩提는 범
본에 bodhisattva-yāna로 되어 있고 현장역, 달마급다역, 의정역에서는
보살승(菩薩乘)으로 되어 있다.

175) 구마라집역에는 心자가 없으나 보리류지역에는 있다. 내용의 흐름상 있
는 것이 자연스럽기에 넣었다.

176) 아누다라삼먁삼보리자[阿耨多羅三藐三菩提者]: 범본에는 abhisaṃ
buddha이다. 이 말은 覺·所覺·現證等覺·成等正覺·成佛 등 다양하게
한역되었다. 오랫동안 독송하며 익숙해진 것이기에 그대로 두기로 한다.

177) 즉위방불 불능해아소설고[卽爲謗佛 不能解我所說故]: 구마라집역에서
는 빠진 부분이다. 그러나 이곳과 동일한 범본의 문장이 비설소설분 제
21분에도 있는데, 거기에서는 구마라집 스님이 이 문장을 번역했다. 그럼
에도 여기 번역문이 빠진 것은 전승되는 과정에서의 실수로 보인다.

178) 통달무아법자[通達無我法者]: 범본에는 nirātmāno dharmā nirātmāno
dharmāity adhimucyate(법에는 자아가 없다, 법에는 자아가 없다고 믿
는 것)로 되어 있고, 진제역에는 信見諸法無我諸法無我로, 의정역에는 信
解一切法無性一切法無性者로 되어 있다.

一體同觀分 第十八

179) 여항하중소유사[如恒河中所有沙]: 구마라집역에는 如자가 없으나 범본
및 다른 역본에 의거해서 如자를 넣었다.

法界通化分 第十九

離色離相分 第二十

180) 불가이구족색신견부[佛可以具足色身見不]: 현장역 – 可以色身圓實如來
不, 진제역 – 可以具足色身觀如來不

181) 즉비구족색신[卽非具足色身]: 현장역 – 如來說非圓實, 진제역 – 如來說
非具足色身

182) 즉비구족[卽非具足]: 현장역 – 如來說爲非相具足, 진제역 – 如來說非具
足相

非說所說分 第二十一

183) 설법자 무법가설 시명설법[說法者 無法可說 是名說法]:
진제역 – 說法說法實無有法名爲說法
급다역 – 說法說法者無有法若法說名可得

無法可得分 第二十二

184) 무법가득분의 내용을 범본 및 다른 한역에서 확인해 보면 모두 동일하게
‘부처님의 질문 – 수보리의 답 – 부처님의 설명’ 으로 진행된다. 따라서
라집역은 전승되는 과정에서 잘못된 것으로 볼 수밖에 없다. 그러므로 범
본을 그대로 직역한 보리류지역을 참고로 문장을 다시 배열하였다. 고려
대장경 구마라집 역본은 다음과 같다.
「須菩提白佛言 世尊 佛得阿耨多羅三藐三菩提 爲無所得耶 佛言 如是如
是 須菩提 我於阿耨多羅三藐三菩提 乃至無有少法可得 是名阿耨多羅三
藐三菩提」

185) **여래즉유아인중생수자[如來則有我人衆生壽者]**: 범본 − 여래에게 '나에 대한 집착'이 있게 되는 것이고, '중생에 대한 집착' '목숨에 대한 집착' '사람에 대한 집착'이 있게 되는 것이니라.(sa eva tathāgatasya ātmagraho 'bhaviṣyat, sattvagrāho jivagrāhaḥ pudgalagrāho 'bhaviṣat.)
현장역 − 如來卽應有其我執 有有情執 有命者執 有士夫執 有補特伽羅等執
진제역 − 卽是我執 衆生執 壽者執 受者執

186) **이위유아[以爲有我]**: 현장역 − 强有此執, 의정역 − 妄爲此執

187) **시명범부[是名凡夫]**: 구마라집역에는 없으나 범본 및 다른 역본에 모두 있으므로 넣었다.

188) 법신비상분 제 26분의 내용을 범본 및 다른 5역본과 비교해 보면 구마라집역과 다르게 되어 있다. 즉 구마라집역에는 수보리존자가 일관되게 지혜로운 모습을 보여 오다가 바로 이곳에서 어리석은 답을 하였고 부처님의 지적에 따라 바로잡는 형식으로 되어 있으나, 범본은 말할 것도 없고 다른 5역본에서도 처음부터 수보리존자가 적절한 답을 했고, 부처님이 그것을 인정하셨다. 이 부분도 전승되는 과정에서 생긴 오류라고 보이므로 문장을 다시 배열하였다. 원래의 구마라집역문은 다음과 같다.
「須菩提 於意云何 可以三十二相 觀如來不 須菩提言 如是如是 以三十

二相 觀如來 佛言 須菩提 若以三十二相 觀如來者 轉輪聖王 則是如來
須菩提白佛言 世尊 如我解佛所說義 不應以三十二相 觀如來 爾時世尊
而說偈言 若以色見我 以音聲求我 是人行邪道 不能見如來」

189) 범본을 그대로 따르자면 이 부분 다음에 '須菩提 白佛言 如我解佛所說
義 不應以三十二相觀如來'가 더 있어야 한다. 그러나 구마라집 스님의
번역 방식으로는 바로 앞의 똑같은 구절을 중복하지 않는다.

190) 범본 및 다른 한역에서는 또 하나의 게송이 있는데, 그 중에서 진제 스님
의 게송을 소개한다.

법으로써 마땅히 부처를 보라 　　　　由法應見佛
조어사는 법으로 몸을 삼느니라. 　　調御法爲身
이 법은 대상으로 아는 것이 아니니 　此法非識境
법은 매우 깊어 보기 어려우니라. 　　法如深難見

無斷無滅分 第二十七

191) **이구족상고[以具足相故]**: 구마라집역에는 不以具足相故로 되어 있으나
범본 및 다른 한역에는 不자가 없다. 부처님의 깨달음은 32상을 갖추었기
때문에 가능했던 것이 아니다. 앞의 제 26분에서도 확실히 짚었던 사실이
다. 그러나 뒤의 단멸상(斷滅相)에 대한 설명 때문에 다시 한 번 대비시킨
것이다.

192), 193) **아누다라삼먁삼보리[阿耨多羅三藐三菩提]**: 범본에는 bodhisattva-yāna
로 되어 있고 현장역, 달마급다역, 의정역에서는 보살승(菩薩乘)으로 되
어 있다.

194) **지용보시[持用布施]**: 구마라집역에는 布施이나 다른 역본에 의거 持用布施로 고쳤다.

195) **무아[無我]**: 여기서 '나(我)'라는 것은 불변의 개체를 이야기하는 것이다. 즉 모든 것은 인연이 모였다 흩어졌다 함에 따라 어떤 모양, 어떤 관념이 생기기도 하고 사라지기도 하는 것으로, 고정불변의 요소가 있는 것이 아니라는 것이다.

196) **득성어인[得成於忍]**: 진제역에서는 得無生忍으로 되어 있다.

　　인[忍]: 범어 ksānti의 번역 ① 인욕(忍辱)의 뜻. 모든 것을 포용하여 언제나 마음이 편안한 경지에 머무는 것. ② '깨달음의 경지'를 이르는 말. 진리를 깨달아 고요하고 평화롭게 된 마음의 경지. 흔히 나고 죽음의 경지를 초월한 진리의 세계를 깨달은 상태라 하여 '무생법인(無生法忍)'이라고 한다.

197) **위의적정[威儀寂靜]**: 위의(威儀)는 위엄 있는 용모와 행위를 뜻한다. 행동이 모두 규칙에 맞고 점잖아서 숭배할 생각을 내게 하는 태도이다. 보통 돌아다니고(行) 머무르며(住) 앉고(坐) 눕는(臥) 네 가지를 사위의(四威儀)라고 한다. 적정(寂靜)은 온갖 괴로움에서 벗어나 자유롭고 평화롭게 된 경지이다. 열반과 같은 뜻으로 쓰인다. (涅槃寂靜)

198) 불야세존[不也世尊]: 구마라집역에는 世尊으로 되어있으나 범본 및 다른 역본에 의거하여 不也를 넣었다.

199) 아누다라삼먁삼보리[阿耨多羅三藐三菩提]: 범본에는 bodhisattva−yāna 로 되어 있고 현장역, 달마급다역, 의정역에서는 보살승(菩薩乘)으로 되어 있다.

200) 무량아승기[無量阿僧祇]: 무량(無量)은 흔히 '한량없는'으로 풀이하지만, 인도의 숫자 단위에 속한다. '무량'은 아승기 다음의 단위로「아승기×아승기×아승기×아승기」의 수라고 설명된다. 아승기(阿僧祇)는 '아승기'라고도 읽지만 예부터 스님들은 '아승지'로도 발음해 왔다. 인도말로는 asamkha인데, 인도 십진법으로 제52수(10^{52}) 혹은 제60수이다.《화엄경》아승지품에는 제105수로 설명하고 있다.

201) 불취어상 여여부동[不取於相 如如不動]: 현장역 − 此經如無所顯說 故言顯說

202) 유위법[有爲法]: 무위법(無爲法)의 반대. 무언가 인위적으로 이루어지는 것은 모두 유위법이다. 모양·언어·소리·논리·교육·건설 등 우리가 현실적으로 보고 들으며 느끼고 아는 것 그리고 표현하는 것 등은 모두가 조작된 것들이므로 '어떤 힘에 의해 이루어진 것'이란 뜻으로 유위법이라 한다.

금강반야바라밀경
(독송본)

초판 1쇄 발행 · 2010년 7월 10일
편역 · 송강 스님
표지 작품 · 방혜자
발행인 · 김광호
발행처 · 도서출판 도반
편집팀 · 정승은, 고은미, 윤홍상
대표전화 · 02-885-1285
이메일 · doban@godstoy.com
주소 · 서울특별시 관악구 낙성대동 1625-16 2층

ISBN : 978-89-962611-2-4
책값은 뒤표지에 있습니다.

인터넷에서 개화사를 검색하시면 송강 스님을 만나보실 수 있습니다.
http://cafe.daum.net/opentem